KB117556

미션을 풀며 깨쳐가는 환율 변동의 원리

환율천재가 된
홍대리

환율 천재가 된 홍 대리

초판 1쇄 인쇄 2011년 4월 15일
초판 8쇄 발행 2022년 6월 13일

지은이 윤채현, 김원자
펴낸이 김선식

경영총괄 김은영
콘텐츠사업1팀장 임보윤 **콘텐츠사업1팀** 윤유정, 한다혜, 성기병, 문주연
편집관리팀 조세현, 백설희 **저작권팀** 한승빈, 김재원, 이슬
마케팅본부장 권장규 **마케팅2팀** 이고은, 김지우
미디어홍보본부장 정명찬
홍보팀 안지혜, 김은지, 박재연, 이소영, 이예주, 오수미
뉴미디어팀 허지호, 박지수, 임유나, 송희진, 홍수경
경영관리본부 하미선, 이우철, 박상민, 윤이경, 김재경, 최완규,
이지우, 김혜진, 오지영, 김소영, 안혜선, 김진경, 황호준, 양지환
물류관리팀 김형기, 김선진, 한유현, 민주홍, 전태환, 전태연, 양문현
외부스태프 스토리구성 김동하 일러스트 김영진

펴낸곳 다산북스 **출판등록** 2005년 12월 23일 제313-2005-00277호
주소 경기도 파주시 회동길 490
전화 02-702-1724 **팩스** 02-703-2219 **이메일** dasanbooks@dasanbooks.com
홈페이지 www.dasan.group **블로그** blog.naver.com/dasan_books
종이 (주)한솔피앤에스 **출력 · 인쇄** (주)북토리

ⓒ 2011, 윤채현, 김원자

ISBN 978-89-6370-505-7 (03320)

다산북스(DASANBOOKS)는 독자 여러분의 책에 관한 아이디어와 원고 투고를 기쁜 마음으로 기다리고 있습니다.
책 출간을 원하는 아이디어가 있으신 분은 다산북스 홈페이지 '투고원고'란으로 간단한 개요와 취지, 연락처 등을
보내주세요. 머뭇거리지 말고 문을 두드리세요.

미션을 풀며 깨쳐가는 환율 변동의 원리

환율 천재가 된 홍대리

윤채현 · 김원자 지음

다산
라이프

신종플루로 온 국민들이 마스크를 쓰고, 손 세정제가 불티나게 팔리던 2009년 12월 초, 인터넷에서 매우 흥미로운 뉴스를 하나 보았다. 2003년 노벨경제학상 수상자인 로버트 F. 엥글 미국 뉴욕대 교수가 우리나라 법정에 증인으로 출석한다는 내용이었다. 키코(KIKO) 계약으로 막대한 손실을 본 국내 수출기업들이 은행을 상대로 낸 키코 효력정지 가처분신청 재판에 증인으로 부른 것이다.

그러자 며칠 후 또 하나의 기사가 올라왔다. 이번엔 피고인 은행 측에서 스테폰 로스 미국 MIT대 교수를 증인으로 섭외하는 방안을 검토하고 있다는 것이었다. 국내 은행과 기업들이 통화옵션상품 키코 투자손실을 놓고 벌이는 법정공방이 세계적인 석학들의 이론논쟁으로 비화되는 순간이었다. 해당은행이나 기업들에게는 사활이 걸린 큰 재판이었지만 대다수 국민들은 관심도 없었고, 무슨 내용인지 감이 잡히지 않는 재판이었다. 재판은 지금도 끝나지 않았다.

결국 지난해 2월, 그리고 11월까지 이어진 '키코 소송' 선고공판에서 "키코는 처음부터 은행에만 유리하게 만들어진 상품"이라는 엥글 교수의 주장에도 불구하고 대부분의 원고가 패소, 즉 은행 측의 승리로 몰아갔다. 재판이 끝난 후 키코 피해기업 공동대책위원회는 즉각 "거대 금융권력이 저지른 키코 금융사기의 실체를 밝히고 책임을 물을 수 있도록 계속해 투쟁하겠다"는 입장을 밝혔다. 현재도 키코 문제는 여전히 진행 중이다.

2008년에서 2009년에 걸쳐 우리 기업들에게 4조 원에 가까운 손실을 입히고, IMF 당시와 버금갈 만한 환율급등을 불러온 배경과도 관련이 있는 키코 문제와 이어지는 재판결과를 보면서 필자는 나뿐만 아니라 우리나라 국민들 대부분이 아직도 외환이나 환율에 대해서 무지에 가깝다는 생각을 했다.

국제 금융시장은 우리가 상상하는 것 이상으로 진화해왔다. 외환시장의 거래규모는 연간 3조 2천억 달러다. 반면에 실물거래는 300억 달러를 약간 넘는다. 즉 나라 간의 자본의 흐름은 실물경제에 의해서가 아니라 투기자본이 대부분을 차지하고 있다 해도 과언이 아니다. 2000년대 이후에 우리 사회에서 일어난 금융불안 현상들은 거의 투기자본과 관련이 있다. 더구나 우리나라의 금융환경은 "국제 투기세력이 공략하기 원하는 모든 조건을 갖춘 나라"라는 지적이 있을 만큼 전 근대적인 취약한 구조에서 벗어나지 못하고 있다.

10년을 주기로 반복되는 외화유동성 위기, 그 원인이 어디에 있든 키코 손실은 금융권을 비롯한 기업종사자들, 그리고 우리들 모두의 외환에 대한 무지에서 왔다는 것이 필자의 견해다. IMF를 벗어나면서 '다시는 환율을 몰라서 눈 뜨고도 당하는 일은 없도록 하자'고 다짐했으면서도 키코 사태를 보면 알 수 있듯이 그동안 몇 번이나 외환 주머니를 털렸는지 모른다.

무역이나 서비스 등 경상수지에서 흑자를 보면서도 금융시장에서 번번이 실패하고 손실을 보는 것은 우리가 국제금융에 대한 경험이 부족하기 때문이다. 또한 환율에 대한 경험과 지식이 외국인 투자자들보다 떨어지기 때문이다. 지금이라도 환율지능을 높여야 한다. 그래야 글로벌 경제시대에 국제관계에 있어서 손해 보지 않고 더불어 살아갈 수 있다.

《환율 천재가 된 홍 대리》는 낯설게만 느껴지는 환율의 개념과 변동 원리를 이해하고 그 지식을 활용할 수 있는 방법들을 위기에 몰린 한 직장인과 주변 사람들의 이야기를 통해 소설형식으로 쓴 책이다. 독자들이 환율에 대해 더 쉽고 가깝게 다가갈 수 있도록 키코 사태라는 대형 경제사건을 배경으로 하면서 가공의 주인공들을 내세워 환율과 외환의 중요성을 강조했다. 평범한 회사원인 홍 대리의 '환율 알아가기'의 과정이면서, 한편으로는 자아 찾기와 인간승리의 기록이기도 하다.

천재란 타고나지 않더라도 삶에 대한 열정과 존중, 자신이 발을 딛고 살고 있는 조직에 대한 애정으로 몰입하는 순간 누구나 다가설 수 있는 경지이며, 이런 평범한 천재(?)들이 세상을 만들어간다고 생각한다.

이야기 중간에 홍 대리가 활동하는 인터넷카페 〈환율아 놀자〉 동호인들인 엽기적인 그녀, 손바닥, 배고파, 엑스맨 등의 인물들이 등장한다. 그들은 온라인 공간뿐 아니라 오프라인에서도 만나 토론하고 공부하고 대화를 나누면서 복잡한 환율 메커니즘을 이해해간다. 이들 모두 자신의 꿈을 실현하기 위해서 열심히 노력하는, 오늘을 살아가는 평범한 사람들이다. 홍 대리는 이들과 함께 엽기적인 그녀가 제시하는 미션을 풀어나가면서 환율 관련 지식과 환율 변동 원리에 대해 눈 뜨게 된다.

독자들도 홍 대리의 지난한 여정을 함께 하며, 마치 보물찾기를 하듯 하나씩 미션을 함께 풀어나가다 보면 어느새 환율에 눈을 뜨게 된 자신을 발견하게 될 것이다. 환율이 왜 중요한가에 대해 또 말하는 것은 새삼스럽다. 땅 속 깊숙한 곳에서 꿈틀거리는 맨틀운동처럼, 언제 어디서 터져나와 집과 건물들을 무너뜨릴지도 모를 재난처럼, 하루 24시간 잠시도 쉬지 않고 움직이고 있는 것이 외환시장이며 환율이다.

위기의 세상을 살아가면서 환율공부는 든든한 무기가 되어줄 것이다. 또한 세상의 움직임을 보는 눈과 경제를 읽는 키워드가 되어줄 것이다. 이 책을 읽는 독자들이 환율을 통해 발 빠르게 돌아가는 금융환경을 파악하고 경제에 대한 통찰력을 얻게 되기를 바란다. 재테크를 하더라도 실패하지 않고 수익을 낼 수 있기를 진심으로 기원한다.

공동저자 윤채현, 김원자

Contents

홍대희 (34세)
이야기의 주인공. 모든 일에 '중간'만, '적당히'가 모토였던 평범한 성장기를 거쳐 겨우 결혼을 하고, 어렵게 장만한 작은 아파트 대출금 갚느라 허덕이고 있는 샐러리맨이다. MP3, PMP 같은 전자제품을 수출하는 태산전자 대리. 6개월 전 회사의 로테이션 정책에 의해 구매부로 발령받아 실세인 외환담당 강 차장의 무시와 구박 때문에 외환에 눈을 떠 나중엔 태산전자 외환관리를 맡게 된다.

윤지선 (32세)
일에도 내조에도 열심인 홍대희의 아내. 야심 없고 사람 좋기만 한 남편이 안타깝지만 내색하지 않고 보이지 않게 도움을 많이 준다. 일본인 관광객을 대상으로 여행사 가이드 일을 하고 있고, 그래서 기초적인 환율지식을 갖고 있다.

현명석 (34세)
대희의 대학동창. 유명일간지 경제부 기자. 박학다식하고 적극적인 취재력으로 특종을 많이 만들어낸다. 대희의 회사가 처한 사정을 듣고 경제지식을 전해준다. 홍 대리에게 환율의 중요성을 깨닫게 하며 키코 소송에 참여하게 하는 등 많은 도움을 준다.

엽기적인 그녀 (52세)
주부. 일본의 FX트레이딩 정보를 보고 외환시장에 입문. 한국의 와타나베 부인으로 신문에 소개된 적이 있으며 정확한 정체는 알려지지 않고 있다. 〈환율아 놀자〉 카페의 주요멤버, 수수한 겉모습과는 달리 상당한 지식을 가지고 카페운영자로서 카페를 이끌고 있다. 홍 대리에게 미션을 주어 환율공부를 하게 한다.

유명환 (50세)
외환딜러 20년 경력의 사설경제연구소 소장. 여러 대학에 출강중인 환율통이다. 2008년 초, 제 2의 외환위기를 경고했으며 '환율은 귀신도 모른다'는 널리 알려진 통설을 깨고, 여러 가지 지표를 통해 '환율도 예측할 수 있다'는 자신의 이론과 함께 기회가 있을 때마다 경제·경영의 기본으로서 환율교육의 중요성을 주창한다. 상당한 자산가이지만 소탈하고 검소하다.

문현덕 (48세)
구매부 부장으로 자상하고 차분한 성격의 덕장. 홍 대리와 부서원들의 존경을 받는다. 동종업계 조찬모임에서 키코라는 파생상품을 소개받아 회사에 계약을 권유했다가 큰 손실을 끼친다. 그 때문에 스트레스를 많이 받아 사직까지 생각하지만, 인간관계가 좋아 주위의 도움으로 위기를 극복하고 부서원들과 함께 회사를 지킨다.

강재식 (39세)
구매부 차장. 능력 있고 사교성도 좋아 회사에서 인정을 받지만 교만하고 출세욕에 가득 차있다. 자금관리, 자재수급 등 전반적인 업무를 총괄하는 사내 실세로 문 부장과 달리 매사에 까칠하고 술을 마시면 주사가 심해 부원들이 꺼린다. 홍 대리를 노골적으로 무시하며 비난과 질책을 일삼는다.

조현이 (28세)
구매부 직원. 꾸미는 걸 좋아하는 활달한 성격의 아가씨. 고졸 출신이지만 사무능력이 뛰어나 홍 대리를 많이 도와주고 능력을 인정받아 마침내 대리로 승진한다. 회사 내의 정보통.

김병수 (30세)
구매부 직원. 약삭빠르고 계산이 빨라 문 부장과 강 차장 사이에서 적당히 몸보신하는 기회주의 성향을 갖고 있다. 강 차장의 이직으로 퇴사 위기에 몰리지만 문 부장의 배려로 위기를 모면한다.

고은주 (26세)
구매부 막내. 신입사원인데도 차분한 성격과 일처리로 선배들의 사랑을 받는다. 속이 깊어서, 실수를 연발하는 대희를 동정하며 구매부의 윤활유 역할을 한다.

※일러두기

본 콘텐츠는 소설 형식으로 구성되어 있으며, 본문 중에 나오는 경제용어들은 볼드체로 처리하였습니다.
용어에 대한 설명은 부록 '홍 대리의 환율노트 – 용어 정리'에 실었음을 알려드립니다.

1장

환율이 뭐기에,
키코가 뭐기에

돈에도 날개가 있다

"나 곧 구매부로 발령 날 것 같아. 우리 회사 정기적으로 부서 로테이션 하는 거 당신도 알지?"

느지막이 아침식사를 끝낸 홍 대리가 커피를 가져와 아내 앞에 앉았다. 얼마 만에 함께 맞는 여유로운 휴일인가. 맞벌이 하느라 서로 바쁘고, 관광 가이드 일을 하는 아내는 따로 휴일이 정해져 있는 게 아니다 보니 모처럼 둘만의 시간이 살짝 어색하기까지 했다.

"정말? 구매부면 신경 쓸 게 엄청 많을 텐데…… 당신, 이제 좋은 시절 다 갔네. 경제공부 좀 해야겠는 걸요."

"그러게. 그나저나 구매부엔 깐깐하기로 소문난 강 차장이 눈치켜뜨고 있을 텐데 바짝 긴장해야 돼. 이참에 나도 좀 달라져야지. 당신한테도 뭔가 새로운 모습도 보여주고 싶고."

"말이라도 기쁜데요. 우리 홍 대리님, 이제 철 좀 드시려나 보네. 당신은 사람은 좋은데 너무 물러 터져서 탈이에요. 매사 대충대충, 진지한 게 없잖아. 이번 기회에 제대로 환골탈태 해봐요. 구매부면 완전 숫자랑 싸우는 곳이잖아요. 태산전자처럼 수출로 먹고 사는 회사에서 살아남으려면 환율공부는 기본이고, 원자재 값 흐름쯤은 훤히 꿰고 있어야 할 걸요. 신문 경제면도 좀 챙겨보고요."

'헉!'

갑자기 가슴이 답답해졌다. 매사 확실하고 오지랖 넓은 아내를 모르는 바 아니지만 아내 입에서 쏟아져나오는 거침없는 말에 홍 대리는 갑자기 몸이 쪼그라드는 기분이 들었다.

"당신, 내가 왜 매일 쉴 틈도 없이 바쁜 줄 알아요? 이게 다 환율 때문이에요. 요새 엔화가 계속 오르고 있잖아요. 엔고(円高)현상¹⁾ 덕분에 일본 사람들 한국에 오면 같은 돈으로 전보다 훨씬 더 넉넉하게 쓸 수 있거든요. 돈에도 날개가 있다 이 말씀이죠."

그로기 상태에 몰린 홍 대리에게 아내는 결정적 카운트펀치 한 방을 날렸다. 사실 그동안 홍 대리는 '인생 그까짓 거 뭐, 좋은 게 좋은 거지'하며 느긋하게 살아왔다. 한 번뿐인 인생, 아등바등 스트레스 받으며 살 필요가 뭐 있나, 적당히 공부해서 대학 졸업하고, 웬만한 회사에 취직해 그럭저럭 살면 된다고 생각했다. 그런데 언젠가부터 마음 한구석이 편치 않았다. 어학연수니 해외여행이니 하며 외국 드나들기가 쉬워진 바야흐로 글로벌 시대. 자기계발서 수십 권은 기본으로 읽고 몸값 높이기에 한창인 동료들이나 후배들을 보며 전처럼 적당히, 대충대충 살면 더 이상 성공이나 발전을 기대할 수 없다는 일종의 위기의식을 느끼기 시작한 것이다.

밀린 빨래를 해야겠다며 아내가 밖으로 나간 사이, 홍 대리는 방 안에 놓인 신문을 뒤적여보았다. 평소에는 별 관심 없이 넘기던 경제면에서 굵은 헤드라인이 눈에 확 들어왔다.

앞으로는 환율이 핵을 능가하는 전쟁무기가 될 것이다.

키코, 돈 먹는 괴물?

너무도 뜻밖의 일이 벌어졌다. 지난 몇 달간 불면증과 두통에 시달린다며 약을 끼고 살던 문 부장이 부서원들과 점심을 먹다 말고 갑자기 쓰러지더니 그만 의식을 잃고 말았다.

"부장님, 정신 차리세요."

"빨리 119 불러!"

부서 막내인 고은주가 핸드폰을 들고 119를 부르는 사이 홍 대리가 문 부장을 일으켜 세우려 했다. 그런데 이미 정신을 놓은 문 부장은 그대로 옆으로 다시 쓰러져버렸다.

'응급조치가 필요할 것 같은데…….'

도무지 어떻게 해야 할지 몰라 홍 대리는 정신이 다 아득해졌다. 반쯤 벌린 문 부장의 입에서 아직 채 삼키지 못한 밥알들이 흘러나왔다.

"혹시 혈압으로 쓰러진 걸지도 모르니 옆으로 뉘여요!"

나이가 지긋한 식당 주인아저씨가 달려와 문 부장을 눕히고 물수건으로 이마를 적셔주는데도 문 부장의 몸은 죽은 사람처럼 뻣뻣해지고 숨조차 쉬지 않는 듯했다. 오늘따라 강재식 차장과 김병수가 약속이 있다며 일찍 나갔다. 그래서 오늘 점심은 여직원 둘과 홍 대리, 그리고 문 부장만 함께 왔다. 그런데 이 무슨 황당한 일이란 말인가.

다행히 119 구조원들이 빨리 도착해서 문 부장은 곧바로 인근에 있는 병원으로 옮겨졌다. 산소마스크를 씌우고 응급조치를 취했지만 문 부장의 의식은 여전히 돌아오지 않았다.

"아무래도 더 큰 병원으로 옮겨야 할 것 같아."

"의사가 뭐라고 해요?"

"검사를 더 해봐야 한다는데 빨리 가족들에게 알려야겠어."

"그렇지 않아도 요새 심장이 안 좋다고 약을 많이 드시던데 혹시……."

뒤늦게 연락을 받은 강 차장과 김병수, 그리고 영업담당 송 이사가 숨을 헐떡이며 응급실로 들어섰다.

"키코가 기어코 사람을 잡는구먼."

"네?"

"오전 임원회의 때 안색이 안 좋았는데 그때부터 몸에 이상이 온 걸 거야."

최근 원/달러 환율이 계속 치솟자 긴급회의가 열렸는데 그게 원인이 된 것 같다고 했다. 송 이사는 더 이상 말하지 않고 의자에 앉아 지그시 눈을 감았다.

연락을 받고 문 부장의 부인과 딸아이가 달려왔다.

"여보!"

"아빠!"

부인과 딸은 계속 울면서 문 부장을 불렀다.

담당의사는 검사 결과 머리 왼쪽 부분에 출혈이 있어 급히 수술을 해야 할 것 같다고 했다. 홍 대리는 그제야 한숨을 돌리고 복도로 나왔다. 너무 긴장했는지 다리가 휘청거렸다. 응급실을 벗어나 밖으로 나오니 좀 살 것 같았다. 아직은 쌀쌀한 3월, 시원한 바람을 쐬니 한결 머리가 맑아졌다.

'사람이 어떻게 저렇게 한순간에 맥을 놓아버릴 수 있을까.'

죽고 사는 일이 한순간이라는 게 홍 대리는 믿어지지 않았다. 그리고 이런 일의 발단이 키코 계약 때문이라는 것, 결국 환율상승 때문이라는 사실이 더 더욱 믿어지지 않았다.

'도대체 환율이 뭔데 이런 일이 벌어지는 거지?'

병원 화단에 목련 한 그루가 활짝 피어 있었다. 햇살을 받은 목련은 그 어느 때보다 아름다웠다.

"이렇게 봄이 오는데……."

그동안 무심히 지나쳤던 목련이 왜 오늘따라 홍 대리의 눈길을 사로잡았는지 모를 일이다. 어쨌든 지금은 수술이 무사히 끝나기를 바라는 것 외에 홍 대리가 할 수 있는 일은 아무것도 없었다.

문 부장은 죽을 운명은 아니었던 모양이다. 다행히 수술이 성공적으로 끝나 위험한 고비는 넘겼다고 했다. 평소에 혈압이 높지는 않았는데 불면증이 올 정도로 계속 스트레스를 받다 보니 가벼운 뇌출혈을 일으킨 것이라고 한다.

문 부장의 스트레스는 지난해 여름, 그 사건과 함께 시작되었다. 영업이사가 혼잣말처럼 "키코가 기어코 사람을 잡는구먼"이라고 내뱉고 이내 입을 닫아버렸지만 이미 알 사람은 다 알고 있는 사건, 바로 태산전자가 키코 계약 피해사 중 하나라는 사실이다.

2008년 초, 달러당 930원대였던 원/달러 환율은 3월부터 점점 치솟기 시작하더니 4월 위기설을 거치면서 더욱 불 붙은 듯 뛰어올라 8월 들어서면서 1,200원을 넘고 말았다. 키코 문제가 불거진 게 이 무렵이었다. 어느 날 경제지 1, 2면이 키코 피해 사례들로 도배되었다. 처음에 사람들은 잘 이해하지 못했다.

"키코가 뭐야?"

"키코? 무슨 약자 같은데?"

"**키코(KIKO)**[2], Knock In Knock Out의 첫 글자를 따서 키코라고 한대."

"기업 손실이 10조에 가깝다며?"

"그럼 돈 잡아먹는 괴물?"

"키코, 이름 한번 괴상하네."

이름조차 생소했다. 기사가 난 신문사에 전화가 빗발쳤다. 키코가 대체 뭐냐고, 무슨 기사를 이렇게 어렵게 썼냐는 질문에 기자들도 대답을 못하고 진땀을 뺐다고 한다.

"우리 회사 키코 계약을 문 부장님이 추진했다는군!"

문 부장을 대신해 오전 회의에 참석하고 온 강 차장이 대단한 뉴스라도 되는 듯 부서원들에게 알려준 사실이다.

"그래서 작년부터 건강도 안 좋아지시고 그렇게 전전긍긍하셨군요?"

"얼마나 계약을 했대요?"

"자그마치 100만 달러짜리 3건. 회사가 그거 때문에 매달 4억 원 환차손을 입고 있다는 거야. 어휴, 내가 못살아. 아주 엎친 데 덮친 격이지."

지난해 초 달러 환율이 950원일 때였다. 전문가나 기관들이 환율이 더 떨어질 거라고 예측하고 동종업계 부장 모임에서도 다들 키코 가입을 서두른다며, 문 부장이 경영회의 때 우겨서 통과됐다는 것이었다.

"그럼 얼마를 갚아야 하죠?"

"그동안 회사 이미지도 있고 해서 쉬쉬해왔는데 은행에서 어제 일시불 상환 압박이 들어온 모양이야. 부도설도 나오고."

"회사가 어렵다는 건 알았는데 설마 이런 일이 있는 줄은 몰랐네요."

"홍 대리는 신문도 안 봐? 난 T전자 기사 나올 때 이미 느낌이 팍 오더라구. 그나저나 정보통 조현이 씨가 이번엔 왜 이 사실을 몰랐을까?"

"글쎄 말예요. 이제 조현이도 한물갔나 봐요."

사무실 분위기는 하루 종일 뒤숭숭했다. 어쩌면 문 부장의 뇌출혈은 지난해 환율상승과 함께 이미 시작되었을지도 모른다는 말들이 나돌았다. 키코 기사가 나간 후 여파는 제일 먼저 주식시장에 미쳤다. 투자손실로 자본금을 까먹고 유동성 위기에 놓인 회사가 어디인지 묻는 문의가 빗발쳤고, 피해기업들의 리스트가 돌아다니기도 했다. 키코 가입이 확실해지면 그 회사 주식은 며칠간 하한가를 쳤다. 피해사실이 드러날까봐 울며 겨자먹기로 쉬쉬하는 회사들도 있어 실제 피해규모가 어느 정도인지 정확히 집계조차 되지 않았다.

금융감독원은 신고한 487개 기업의 손실이 총 3조 1,874억 원으로, 만약 원/달러 환율이 1,500원을 넘을 때는 피해규모가 4조 원에 이를 것이라고 했다. 정부와 감독 당국은 키코 피해기업들을 살리기 위해 자금지원, 법인세 납부연장 등의 대책을 내놓았지만 워낙 피해규모가 큰데다 환율이 계속 치솟고 있는 상태여서 피해를 줄이는 데는 한계가 있었다.

실제로 2008년 3분기에 키코 같은 파생상품[3] 투자로 자기자본의 5% 이상, 코스닥은 자기자본의 10% 이상이나 손실을 냈다고 공시한 상장사 수는 총 74곳이나 되었다. 방송은 이를 대대적으로 보도했다.

금융상품 '키코'에 가입했던 400여 중소기업들은 환율급등으로 2조 원 이상의 피해를 보고 있습니다. 정부는 뒤늦게 지원책을 약속하고 있지만, '언 발에 오줌 누기' 격입니다. 심층 리포트, 오늘은 중소기업들을 벼랑 끝으로 몰고 간 '키코 사태'에 대해 김00 기자가 보도합니다.

"중장비를 수출하는 경기도 A업체, 환율이 떨어질 것에 대비해 은행에서 권유하는 키코 상품에 가입했다가 큰 손실을 봤습니다. 수출에 의존하고 있는 이 회사는 환율이 올라 매출 자체는 늘었지만, 키코로 인한 손실 때문에 순이익은 큰 폭 감소했습니다. 인쇄회로 업체 S텍 역시 자본잠식 상태에 처했습니다. 지난해 매출액은 4,150억 원으로 전년 대비 19% 늘었지만 키코 손실이 불거짐에 따라 순손실 1,513억 원을 기록하며 적자 전환과 동시에 자기자본이 잠식되었습니다. 구로디지털단지에 위치한 B의류업체도 사정은 마찬가지입니다. 지난해 1월에 가입한 키코 상품 피해로 직원의 절반 이상을 해고했습니다. 재무담당 이사는 책임을 지고 지난달 사표를 냈습니다. 원/달러 환율이 급등(원화가치 급락)하면서 수출 비중이 높은 전자부품업계의 실적이 개선된 것으로 나타났지만 이렇듯 키코 가입여부에 따라 희비가 갈리고 있습니다. 머니투데이 김00 기자였습니다."

인연 또는 악연,
짬밥 혹은 눈칫밥

　　문 부장이 병원에 있는 동안 강 차장이 부장대리를 하고 홍 대
리가 강 차장 업무 일부를 넘겨받기로 회의에서 의견이 모아졌
다. 그런데 강 차장은 당장 중국출장을 다녀와야 했다. 코앞에 다
가온 중국출장을 앞두고 강 차장은 마음이 편치 않아 보였다.

　"정말 할 수 있겠어?"

　"걱정 마시라니까요."

　"아무래도 마음이 안 놓이는데?"

　"염려 붙들어 매시라니까요. 제가 구매부 짬밥이 6개월입니다."

　"구매업무는 조현이 씨가 잘할 것이고, 내 말은 외환업무 말이
야."

　"네?"

　"우리 회사에 외환부서가 따로 없잖아. 그동안 내가 맡아 해오

던 일을 홍 대리가 대신해줘야 하는데……."

"……."

태산전자 구매부는 회사의 주력제품인 MP3 플레이어, PMP, 차량용 네비게이션 등의 제품생산 전반에 걸친 자재와 설비 등의 구매를 총괄하는 곳이다. 최근 일본과 중국으로 수출이 늘어나면서 자재 및 완제품 수출입 업무가 더해졌다.

지난해 회사에서 새로 개발한 보급형 네비게이션은 환율상승의 효과를 톡톡히 보고 있었다. 이 네비게이션은 7인치 터치스크린을 장착하고도 DMB, 게임, MP3, 동영상 재생을 지원하는 획기적인 기술로, 20~30만 엔대의 고가제품이 주를 이루고 있는 일본시장에서 인기를 끌었다.

강 차장은 이참에 중국 쪽에도 수출하고 생산라인도 확장하자며 출장을 서둘렀다. 강 차장은 아예 한 달을 중국에서 머물며 OEM 생산계약을 하고, 또 상하이에서 개최되는 '중국 국제 디지털미디어 및 기술전시회'에도 참가해 자사제품들을 전시하며 바이어들을 만나고 올 예정이다.

자신이 자리를 비울 동안 누구한테 일을 맡길지 고민하고 있었는데 갑작스레 문 부장이 입원까지 해 상황이 더 곤란해졌다. 불안하지만 홍 대리에게 맡겨보기로 했다.

구매부는 자상하고 온화하지만 우유부단한 문현덕 부장, 까칠한 완벽주의자인 실세 강재식 차장, 예쁘고 활달하지만 화나면 아무도 못 말리는 고참사원 조현이, 부장과 차장 사이를 왔다갔다 하는 기회주의자 김병수, 입사 6개월 초년생이지만 차분한 성격과 정확한 일처리로 선배들의 사랑을 듬뿍 받고 있는 고은주와 우리의 주인공, 사람 좋고 정 많지만 조금은 게으르고 매사에 덜렁거리는 게 흠인 홍대회 대리, 이렇게 여섯 명이다.

총무부에 있던 홍 대리는 6개월 전 구매부 업무가 확장되면서 이곳으로 배치받았다. 홍 대리는 강 차장과 사이가 좋지 않다. 작년 가을 인수인계 때, 홍 대리가 고은주는 사흘 만에 마스터한 전자발주 프로그램을 익히는 데 한 달 넘게 걸렸을 때부터 눈총을 받기 시작했다.

"홍 대리는 어떻게 우리 회사에 들어왔는지 도대체 알 수가 없어."

"정식으로 시험 보고 들어왔는데요?"

"그러니까 그게 아이러니란 말이야."

"저 이래뵈도 입사시험 3등이었습니다! 아니 4등이었나?"

"들어올 때 성적이 아니라 업무평점을 말하는 거야."

"……."

"아무튼 이런 말 자꾸 하기 싫고, 잘 좀 해봐. 지난번처럼 실수

하지 말고."

아무리 잘 보이려고 해도 한 번 찍혔던 홍 대리에 대한 인상은 좀처럼 나아지지 않는 모양이었다. 사실 홍 대리도 지난 연말 실수한 환율 건에 대해서는 할 말이 없었다. 매스컴마다 환율상승이라고 떠들 때 원화가치가 오르는 것으로 착각해 새해예산을 20%나 적게 편성했던 것이다. 1/4분기 자재를 구매할 때 환전을 하면서 그제서야 돈이 부족한 걸 알게 되었을 때의 그 황당함이란. 그 사건 이후로 강 차장은 기회만 있으면 홍 대리에게 면박을 주었다.

"요즘처럼 유가나 환율이 출렁거릴 때 구매계획 잘못 세웠다간 손해가 막심하다구. 다른 회사들에서는 해외 현장 경험이 있는 외국인까지 구매 쪽에 투입한다는데 우린 이거야 원……."

"아직도 저를 그렇게 못 믿으세요?"

"실수를 한두 번 했어야 말이지. 구매업무는 옛날처럼 제 식구 챙기는 자리도 아니고, 로테이션으로 지나가는 자리도 아니라구. 총무부 직원을 이런 데다 보내 뭘 어쩌겠다는 건지 내참."

"제가 실수 좀 했다고 그렇게까지 말하시면 이건 인신공격입니다?"

"그러니까 좀 잘하라구. 우리나라 100대 기업에서 금융권을 제외한 기업 49개 중 21개 기업이 외환관리를 잘못해 다 손실을 봤다구!"

"알았어요."

"아니다. 차라리 조현이 씨가 맡는 게 나을 것 같아. 홍 대리 오기 전에 잠깐 했었잖아."

손톱손질을 하며 딴 생각에 잠겨 있던 조현이가 깜짝 놀라며 손사래를 쳤다. 홍 대리는 자신보다 조현이를 신뢰하는 강 차장이 얄밉고 불쾌하기까지 했다.

유학파에다 CPM(국제공인 구매전문가)[4] 자격증까지 갖고 있는 강 차장에 비하면 지방대 경영학과 출신인 홍 대리가 성에 안 찰 법도 하다. 그래도 그렇지 조현이랑 비교하다니……. 사장이 홍 대리의 먼 고모부 뻘이 된다는 사실을 어떻게 알았는지 기회가 있을 때마다 은근히 비꼬는 것도 못마땅했다.

하지만 고아 출신에 대학을 졸업하고 혼자 미국으로 건너가 아르바이트를 하며 MBA와 CPM까지 취득한 강 차장을 함부로 대할 수는 없었다. 더구나 이사진의 신임도 두터워 구매부 일뿐만 아니라 해외영업까지도 뛰고 있는 강 차장을 홍 대리는 감히 적수로도 생각할 수 없었다.

양쪽 눈치를 보던 조현이가 강 차장에게 말했다.

"일단 홍 대리님한테 맡기시면 제가 힘껏 도울게요. 어차피 결재는 위에서 하는 거니까요."

"알았어. 맡기긴 하는데 또 저번 같은 일 생기면 그땐 너 죽고 나 죽는다!"

"차장님이 자리 비우면 당연히 대리가 맡는 거지. 너무 걱정 마시라니까요."

강 차장 업무대리 건은 이렇게 일단락됐다. 어쨌거나 앞으로 한 달 동안 태산전자가 주고받을 외환업무를 홍 대리가 맡게 됐다.

'두고 보라지!'

홍 대리는 두 주먹을 불끈 쥐었다. 강 차장이 없는 동안 보란 듯이 일을 잘해서 인정받아야겠다고 다짐하며 사무실을 나왔다.

해외출장비를 어떻게 할까?

홍 대리에게 주어진 첫 번째 미션은 강 차장의 출장비를 환전해서 지급하는 일이었다. 당연히 총무부의 회계담당자가 해줄 거라 생각하고 출장 기안서만 올렸는데 해외출장비 환전은 그동안 외환업무를 담당했던 강 차장이 해온 일이라며 다시 넘어왔다.

"해외출장비를 얼마로 계산하지요?"

홍 대리는 급한 마음에 그 전에 구매를 맡았던 조현이에게 상의했다.

"대리님, 그게…… 맨입으론 좀 곤란한데요."

"알았어. 조현이 씨 초밥 좋아하지? 내가 점심 쏠게."

"대리님도 참, 농담이에요. 보통 중국 출장 땐 왕복 비행기요금을 제외한 교통비, 식비를 하루 15만 원씩 책정했어요. 외화예금에서 달러를 인출해 원화로 환전해서 지급하고 나중에 출장 갔다 와서 정산하기도 하고, 달러로 출장비를 지급하고 돌아와서 정산하는 경우도 있고요."

조현이로부터 해외출장비 책정 기준을 들은 홍 대리는 그제 야 마음이 놓였다. 모처럼 강 차장에게 잘 보일 수 있는 기회다 싶어 수고도 덜어줄 겸 달러로 지급하기로 하고 한 달 출장비인 450만 원을 당일 기준환율[5]인 1,551원으로 계산, 은행에서 인출 해 봉투에 넣어 전해주었다. 물론 비행기표는 회사법인 카드로 결제해 여행사를 통해서 강 차장에게 따로 전달했다.

'외환업무라는 게 뭐 별거 아니군.'

회사에서 해외출장비 계산하는 공식도 있고, 은행에서 달러 인 출할 땐 알아서 환율도 계산해서 환전해주는데 괜히 주눅 들어 있었나보다 생각했다. 강 차장의 칭찬이 은근히 기다려지기까지 했다.

환율이 너무해

홍 대리 집.

여동생 소희가 오랜만에 저녁이나 먹자며 찾아왔다. 집 앞에서 돼지고기를 사왔다며 아내도 없는 부엌에서 능숙하게 저녁식사를 준비했다.

불판 위에 고기가 지글지글 먹음직스럽게 구워졌다.

"오빠, 많이 먹어."

"그래, 너두……."

홍 대리는 하나밖에 없는 동생이 찾아온 게 반가워 한동안 소희 얼굴을 바라보았다.

"왜 그래, 내 얼굴에 뭐 묻었어?"

"아니, 그냥 내 동생 얼굴 참 오랜만에 보는 거 같아서……."

"오빠두 참……."

그런데 어쩐지 소희의 얼굴이 어두워보였다. 홍 대리는 그간 너무 무관심했던 것이 미안해졌다.

"소희야, 무슨 일 있어?"

"아냐. 그나저나 오빠는 사정이 좀 어때?"

"사정이라니?"

"경제사정 말이야……."

"늘 그렇지 뭐. 맞벌이해도 이 작은 아파트 대출금 갚는 것도 벅차다. 그래서 애도 안 낳고 있잖아. 근데 왜?"

"오빠, 실은…… 나 유학 포기해야 할까봐."

"왜? 입학 허가도 받았다면서?"

"환율이 너무 올랐잖아. 올해 초에 유로가 1,400원이었지? 요즘은 1,800원이 넘어. 거기다 쇼핑몰 장사도 안 돼서 밑 빠진 독에 물 붓기고."

"그래도 디자이너 되는 거 네 꿈이었잖아."

"꿈이 무슨 소용이야? 현실이 따라주지 않는데."

소희는 앞에 놓인 소주를 따라 한 입에 털어 넣었다.

"웬 술을 그렇게 급하게 마시니?"

"그냥 좀 답답해서……."

또 환율 얘기다. 3월 들어 원/달러 환율이 1,500원을 넘어 1,600원까지 오르자 사람들은 패닉 상태에 빠졌다. 은행들은 국내외 상황을 종합한 환율분석을 매일 발표했고 인터넷에서는 네

티즌들이 저마다 환율전문가가 되어, 어쩌면 화폐개혁까지 갈 가
능성이 있다는 유언비어까지 퍼졌다.

"휴우!"

의기소침해 있는 동생을 보고 있자니 홍 대리는 한숨만 나왔
다. 소희는 IMF 여파로 아버지가 일을 그만두고 몸져 누웠을 때,
전문대를 졸업하고 먼저 사회에 나와 동대문 의류상가에서 고생
하며 오빠의 학비와 용돈을 벌어준 착한 여동생이다.

이탈리아 디자인스쿨에서 공부해 디자이너가 되는 건 소희가
고등학교 때부터 키워온 가장 소중한 꿈이다. 그런 동생의 꿈이
깨지게 되다니, 그것도 느닷없는 환율상승 때문에.

오빠로서 아무것도 해줄 수가 없다고 생각하니 홍 대리는 자
괴감이 들었다. 그때 지선이 들어왔다. 몹시 지쳐 보였다.

"어머, 아가씨 왔어요? 미안해요. 자주 연락도 못하고……. 요
즘 워낙 일이 많아서."

"뭘요. 바쁜 거 다 아는데. 참 언니도 저녁 먹은 지 한참 지났을
텐데 이리 오세요."

여행사에서 일본인 관광객 가이드 일을 하는 지선은 요즘 휴
일도 없이 바쁘다.

"언니, 그렇게 일이 많아요?"

"말도 마세요. 엔고 때문에 일본인들이 얼마나 쏟아져 들어오는지……."

"그래도 요즘 같은 때 일이 많다는 게 얼마나 다행이에요?"

"그래도 힘든 건 힘든 거죠."

"그렇게 힘들어요?"

"몸은 그나마 견딜 만한데 자꾸 엉뚱한 일들이 생겨요. 왜 일본 여성들은 그렇게 한국 연예인들에게 사족을 못 쓸까요."

지선의 말은 한국을 찾는 일본 관광객들의 관심사가 쇼핑과 한국 연예인뿐이라는 것이다. 명동으로 동대문시장으로 쇼핑 가이드만으로도 녹초가 되는데 연예인들의 뒷이야기까지 해줘야 하니 영 체질에 맞지 않다고 했다.

"근데 아가씨 유학 준비는 잘 되세요? 요즘 유로도 많이 올랐던데."

"그러게요. 당분간은 힘들 것 같아요."

"연초엔 환율이 많이 떨어질 거라고 하더니 전문가란 사람들도 모두 엉터리라니까. 이럴 줄 알았으면 **외화표시 예금**[6]이라도 들어두는 건데……."

혼잣말처럼 던지는 지선의 말에 소희의 귀가 번쩍했다.

"외화표시 예금이 뭔데요?"

"은행에 넣어둔 예금이 달러나 유로, 엔화로 표시되는 건데 환율 변동하고 같이 움직이는 거 말예요."

"그런 것도 있어요?"

두 여자의 이야기를 들으며 홍 대리는 속이 뜨끔했다.

'난 끼어들 틈도 없구만!'

환율이란 게 국가경제나 기업에만 중요한 줄 알았는데 이렇게 개인의 삶 속 깊숙이 영향을 미치고 있다니, 참으로 문어발 같은 놈이라는 생각이 들었다.

달러도 오르고 유로도 오르고 엔화도 올랐다고 했다. 일본이나 유럽은 그렇다 치자. 미국은 왜 큰 은행들이 무너지고 집값이 폭락하는 금융대란이 일어났는데도 달러 값이 계속 오를까. 생각할수록 알쏭달쏭 도무지 이해할 수가 없다.

11시가 넘자 지하철을 타야 한다며 소희가 서둘렀다. 왠지 측은해보이는 여동생의 뒷모습을 보며 어려울 때 오빠 하나 있는 게 아무런 도움도 되지 못한다고 생각하니 마음이 착잡해졌다.

지선은 오늘도 지친 표정으로 잠이 들었다. 결혼한 지 4년이 넘었지만 아직 둘 사이에는 아이가 없다. 아이를 낳을 엄두가 나지 않았다. 그래도 마냥 미루기만 하는 게 정말로 잘하는 건지 알수가 없다.

'이럴 때 아이라도 있으면 집안 분위기가 좀 밝을 텐데……'

홍 대리는 아내를 위해, 하나뿐인 여동생을 위해 자신이 좀 더 분발해야겠다고 생각했다.

피할 수 없다면 맞서라

"도대체가 정신이 있는 사람인지 원."

아침, 사무실에 들어서자마자 강 차장이 홍 대리를 쏘아보며 한마디했다.

"네? 저 말인가요?"

강 차장은 어제 홍 대리가 준 출장비 명세서와 출장비가 든 돈 봉투를 들고 계산기를 두드리고 있었다.

"홍 대리, 자네가 세 가지 실수를 했다는 거 알고 있나?"

"예? 시… 실수라뇨?"

"실수를 하고도 실수했다는 것조차 모르니 정말 한심하군!"

"제가 뭘 잘못 계산했나요?"

강 차장의 날카로운 눈빛에 홍 대리는 온몸이 굳어버리는 것 같았다.

"자넨 프로와 아마추어의 차이가 뭐라고 생각하나?"

"프로와 아마추어요?"

"그래. 프로와 아마추어."

"그…글쎄요."

"난 이렇게 생각해. 프로는 일을 맺고 끝내는 것이 깔끔하고 완벽하지. 그럼 아마추어는?"

"……."

"홍 대리가 계산한 이 출장비 명세서 말야, 내 눈엔 아마추어가 한 것으로밖에 안 보이는군."

또 뭔가 일이 잘못되었구나 싶은 생각에 홍 대리의 목소리가 기어들었다.

"출장비 산출은 회사규정대로 했는데요."

"지금 산출규정이 아니라 그 내용을 말하는 거야!"

강 차장의 목소리가 높아졌다.

"내용이 뭐, 잘못 됐습니까?"

"미리 얘기하지 않은 내 잘못도 있지만, 그 정도쯤이야 홍 대리도 아는 줄 알았지!"

구석에 몰린 생쥐를 노려보듯 강 차장이 홍 대리를 쏘아보며 말했다.

"환율 변동은 하느님도 모른다고 하지만 요즘처럼 상승장에서 더 오를 것이라 생각하면 한 달 후 결재할 외환은 카드결재를 하지 않는 게 당연하지. 그리고 일반적으로 현찰보다는 여행자수표를 준비한다는 것 몰랐어? 여행자수표가 수수료도 낮을 뿐 아니라 현찰은 어쨌든 중국에 가면 다시 환전을 해야 하니 또 수수료가 나가잖아. 그리고 은행마다 고시환율[7]이 다 달라! 물론 그게 몇 푼이나 되냐고 생각하겠지만 환전할 때는 꼭 비교해보고 기왕이면 싼 데서 사는 게 회사 구매담당자나 외환관리자의 자세가 아니겠어? 그게 원칙이고.”

내심 칭찬을 기대했던 홍 대리는 순간 정신이 번쩍 들었다. 조현이 말만 듣고 직접 발로 뛰어서 알아보지 않은 게 실수였다. 그랬더라면 충분히 챙길 수 있는 부분들이었다. 강 차장이 지적한 세 가지 실수란 홍 대리가 회사 돈을 더 절약할 수 있었는데 그저 편하게만 일을 처리하려고 했다는 것이다.

첫째, 외국에 나갈 때 현찰을 갖고 가는 게 유리한지, 여행자수표[8]를 이용하는 것이 유리한지 생각해보았냐는 것.

둘째, 환전 수수료가 은행마다 다 다른데 가장 싼 곳이 어디인지 물어보고 환전을 했냐는 것.

셋째, 비행기 표를 카드로 사는 문제를 환율상승, 하락과 관련해서 한 번이라도 생각해보았냐는 것이었다.

강 차장의 ‘프로답다’는 말이 무슨 의미인지 그제야 알 것 같았다. 사실 강 차장이 회사를 끔찍이 생각해서 출장비를 절약하려는 생각은 아닐 것이다. 환율상승 때문에 지난해보다 턱없이 적어진 출장비가 내심 불만이었을 테고, 그 일을 처리한 사람이 홍 대리였으니 그냥 넘어갈 수 없었던 게다.

하지만 조목조목 짚어대는 강 차장의 말에는 일관성과 원칙이 있었다. 홍 대리는 어떤 말로도 그 논리를 반박할 수 없었다. 물론 빠듯하게 출장비를 산출한 걸 두고 노골적으로 괴롭히려는 것이라는 걸 알았다. 그런데도 홍 대리는 속수무책으로 당하고만 있었다.

"이건 실수 정도가 아니라 완전 무지구만. 무지!"

막말에 가까운 한 마디를 더 던지고 밖으로 나가버리는 강 차장을 홍 대리는 멍하니 쳐다보았다. 외환담당자들도 귀찮다고 지나쳐버리는 자잘한 절약 요령들을 조목조목 따지는 강 차장에게 홍 대리는 넌더리가 났다.

출장을 앞두고 자신의 일을 대신 맡아줄 후배에게 따뜻한 격려는커녕 출발도 하기 전부터 꼬투리만 잡으려고 하니 앞일이 깜깜해졌다. 아까부터 지켜보던 고은주가 물 한 잔을 따라 홍 대리에게 주었다. 하지만 홍 대리는 물조차 마실 기분이 아니었다.

"내 참 더러워서. 전생에 무슨 원수진 일이 있었는지 몰라."

"왜, 무슨 일 있었어?"

집에 돌아오자마자 홍 대리는 불평을 내뱉었다.

"강 차장 말야, 지가 잘났으면 얼마나 잘났다고 직원들 보는 앞에서 그렇게 사람 무안을 주냐고! 직장인에게 제일 괴로운 게

골탕 먹이는 상사라더니 내가 지금 딱 그 꼴이라구."

"왜, 또 강 차장한테 한소리 들은 거야?"

홍 대리가 자초지종을 털어놓자 아내는 마음에 담아두지 말고 털어버리라고 위로하면서 강 차장을 탓할 일만은 아니라고 덧붙였다.

"가랑비에 옷 젖는 줄 모른다는 말이 있잖아. 작은 것부터 확실히 해야 나중에 탈이 없지. 나만 해도 환전할 땐 여기저기 알아보고 한 푼이라도 더 받으려고 얼마나 애쓴다구. 그런 사소한 일에 사람들이 얼마나 민감한지 당신 잘 모르지?"

아내는 그쯤은 충분히 있을 수 있는 일이라는 듯 말했다.

'그런가!'

그러고 보면 어젯밤 아내가 소희에게 얘기하던 외화표시 예금도 모르고 있지 않았던가.

"왜 한 나라 안에서 은행마다 고시환율이 조금씩 다른지 알아? 생각해보면 외환을 취급하는 시중은행들도 장사꾼들이거든. 외화를 시장에서 사들여야 되기도 하고, 팔기도 해야 하니까. 외화를 조금이라도 비싸게 산 은행은 별수 없이 다른 은행들보다 비싸게 파는 수밖에 없잖아. 그러니 은행마다 똑같은 환율을 적용하는 게 오히려 더 이상한 거지."

"……."

'이대론 도저히 안 되겠다!'

홍 대리는 구매부에 있으면서 '환율'을 제대로 모르고서는 강 차장 때문이 아니더라도 더 이상 회사에서 버텨낼 수 없을 것 같다는 생각이 들었다.

나를 술~푸게 하는 환율

내일 중국으로 출장을 떠나는 강 차장 환송회가 저녁때 회사 근처 일식집에서 있었다. 강 차장은 술을 좋아한다. 김병수가 요령껏 술친구 역할을 하고 있지만 다른 부서 직원들과 더 잘 어울리는 것 같았다. 그래서인지 문 부장보다 강 차장의 승진이 더 빠를 것이라는 소문이 나돌았다.

술이 한참 들어갔을 때의 강 차장은 차라리 인간적이고 봐줄만한 구석이 있다. 자고로 술이란 사람의 본심을 드러내주는 마법에 걸리게 하는 거니까. 강 차장은 술을 마시면 평소엔 감추었던 자신의 야망을 드러내곤 한다. 술만 마시면 꼭 나오는 레퍼토리는 유학 시절 고생담부터 어린 시절 겪었던 가난에 대한 이야기들이다.

"나, 이 강재식, 두고 봐. 꼭 부장, 아니 사장이 되고 만다. 끄윽~"

"사실 차장님은 우리 회사보다 대기업 같은 데 가셨어야 하는
데……."

맞장구를 쳐주는 사람은 역시 김병수다. 김병수는 자칭 자신과
강 차장을 '환상의 콤비', '드림팀'이라고 부른다. 김병수는 강 차
장과의 친분을 과시하고 싶어 한다. 그것도 대단한 능력이나 되
는 것처럼.

"대기업? 대기업 조오치!"

"그런데 강 차장님은 왜 S전자나 L전자 같은 대기업에 못가셨
어요?"

조현이가 빈정거리는 말투로 물었다.

강 차장이 기다렸다는 듯 말했다. 하도 많이 들어서 신물이 나
는 이른바 '용꼬리보다 닭머리론'이다.

"'Better be the head of a dog than the tail of a lion!' 미국
에도 이런 속담이 있는지 몰랐지? 계구우후(鷄口牛後)! 닭의 부리
가 될지언정 소꼬리는 되지 마라! 이건 중국속담이고. 동서고금
의 진리고 우리 지도교수님 지론이었어."

강 차장은 맥주를 한 잔 쭉 들이키더니 계속 말했다.

"실은 나도 대기업 가고 싶었지. 그런데 왜 조현이 씨는 남 아
픈 데만 콕콕 찌르는 거야, 응?"

모두 다 알고 있는 사실이지만 처음에 강 차장은 S전자 시험을
한 번 보았다고 했다. 점수도 괜찮았고 영어실력이 좋아 무난히

합격할 거라 생각했는데 면접에서 떨어졌다. 강 차장이 이유는 말하지 않았지만 S전자가 신입사원 면접 때 관상 보는 사람을 동석시킨다는 건 널리 알려진 사실이다.

강 차장은 언뜻 보기엔 잘생긴 얼굴이지만 뭐랄까 야망형, 범죄형에 가까운 관상이다. 특히 눈이 그렇다. 정면으로 눈을 마주치며 대화하기가 어려울 만큼 지나치게 눈에 힘이 들어가 있다.

강 차장은 그런 자신의 단점을 알아서인지 입버릇처럼 '사나이는 눈빛이 살아있어야 한다'고 떠들지만 지나친 것은 모자란 것만 못하다는 말이 있다. 그 지나침이 문제다. 술에 취해 더 번쩍거리는 강 차장의 눈빛과 마주친 조현이가 슬그머니 고개를 돌리며 말했다.

"강 차장님, 죄송해요. 그러니 이제 술 그만 드세요."

"강 차장님이 사장님 될 때까지 우리 오래오래 삽시다. 미래의 태산전자 강 사장님을 위하여 자, 건배!"

역시 또 김병수다. 홍 대리는 묵묵히 술잔을 들었다.

"삼성 말이야 최근에 어떤지 알아? 최고구매담당자 제도를 만들고 구매조직을 대폭 늘렸다는 거야. 왜겠어? 구매담당자한테 권한과 책임을 더 주려는 거지. 구매부에 부사장이 있는 회사도 많아. 끄윽~ 기름 값 오르지, 원자재 값에 달러까지 치솟으니 물건 많이 팔아도 원자재 한 번 잘못 사면 몇 백억씩 손해 보는 세상이거든."

"강 차장님 말이 맞아요. 때는 바야흐로 구매부 천하라~ 우리 구매부가 회사에서 가장 중요한 부서가 됐다구요."

부서 막내둥이 고은주의 애교 섞인 한마디에 분위기가 다시 살아나고 분주하게 술잔이 오갔다.

"어? 강 차장님 어디 가셨지? 병수 씨도 안 보이네. 내일 일찍 비행기 타야 할 텐데, 우리도 그만 마시고 일어나죠."

"오늘 과음하시는 것 같던데 속이 안 좋으신가, 내가 찾아볼게."

홍 대리는 화장실로 가보았다. 역시나 혀 꼬부라진 강 차장의 목소리가 들렸다.

"야, 김병수우~ 너 내가 누군지 알지? 나 강재식이야. 태산 실세 강재시익~ 문 부장은 이제 한물갔어. 알아 몰라?"

"알다마다요. 차장님이야말로 제 인생의 롤모델이십니다. 모쪼록 이 김병수 좀 잘 이끌어주십시오. 차장니임~"

"좋아좋아. 기억하게쓰~ 끄억~ 실수만 하는 홍 대리보다 자네 같은 사람이 승진해야 회사도 이득이지. 알아쓰~"

홍 대리의 얼굴이 굳어졌다.

'야비한 인간들. 하지만 나도 결코 호락호락 물러나지 않을 거야.'

홍 대리가 먼저 일식집을 나오고 잠시 후 김병수가 비틀거리는 강 차장을 부축해 밖으로 나왔다.

"나 중국 가 있는 동안 실수 없이들 잘해! 끄억~"

"그럼요. 안심하고 일 잘 보고 오세요."

"강 차장님, 그럼 잘 다녀오세요. 제 선물 잊지 마시구요."

모두들 한 마디씩 인사를 건네고 헤어지려는데 강 차장은 더 마셔야 한다며 2차를 외쳤다. 그때 김병수가 얼른 택시를 불러 강 차장을 태웠다. 홍 대리는 두 사람을 태운 택시가 골목을 다 벗어날 때까지 그 자리에 서 있었다.

환율의 흐름을 아는 자,
시장을 지배한다

이튿날 강 차장이 북경으로 출장을 떠나고 사무실은 모처럼 화기애애했다. 늘 까칠한 표정으로, 뭔가 못마땅한 듯 언성을 높이는 강 차장이 없는 사무실은 심심할 정도로 평화로웠다.

그 사이, 문 부장이 빠르게 회복되고 있다는 소식이 전해졌다. 뇌수술 한 환자답지 않게 의식도 또렷하고 후유증도 없어서 한 달 정도만 치료하면 퇴원이 가능할 것 같다고 한다. 가족들이 간호하고 있었지만 부서에서도 교대로 매일 한 명씩 면회를 갔다.

강 차장이 출장을 간 지도 일주일이 지났다.

"홍 대리님, 이 메일 좀 봐주세요."

고은주가 영어로 쓰인 메일 하나를 홍 대리에게 전해주었다. 미국의 네비게이션 부품회사인 H사로부터 날아온 수출 관련 유산스 어음[9] 서류였다. 나머지 두 장은 같은 회사로부터 이번에 태산전자가 요청한 IC칩과 탄탈콘덴서, TR, OPAMP 이런 이름이 붙은 부품사진이 들어 있었다.

"유산스 어음?"

중국요리 유산슬이라면 죽고 못 사는 홍 대리, 정작 유산스 어음이 뭔지는 몰랐다. 관리부에 있을 때 가끔 영업지원을 나가긴 했지만 그때는 회사 상품이 주로 내수용이어서 국내 판매만 했기 때문에 무역과는 거리가 멀었다.

병원에 누워 있는 문 부장을 찾아갈 수도 없는 일이었다. 유산스 어음 건을 어떻게 처리할지 난감해졌다. 구매책임자들이 없으니 다른 업무는 뒤로 미룬다 해도 외국과의 중요한 부품수입 문제가 걸린 유산스 어음 서류를 언제까지 붙들고 있을 수는 없었다.

'어쩐다?'

출장비 산출도 조현이에게 물어봤던 홍 대리였지만 더 이상 조현이에게 무능한 선배로 보이고 싶지 않았다. 그렇다고 출장 가 있는 강 차장에게 전화로 물어볼 수도 없는 노릇이다.

'그나저나 외환업무란 게 정말 장난이 아니네. 하필 이럴 때 다들 안 계실 게 뭐람. 이럴 줄 알았으면 진작 공부 좀 해두는 건데.'

홍 대리는 진작 경제서적이나 외환지식을 공부하지 않은 것이 후회스러웠다.

집에 와서 인터넷으로 외환, 유산스 어음 등을 검색하다가 낯익은 이름 하나를 발견했다. 고려신문 경제면 전체를 할애한 특집기사 〈한국 경제에서 환율의 위력〉 아래엔 현명석 기자라는 이름이 쓰여 있었다.

　'환율의 흐름을 아는 자가 시장을 지배한다'는 상당히 도전적인 부제를 단 기사는 환율이 주식시장이나 부동산시장, 실질소득 등 우리 생활에 직간접적으로 영향을 미치고 있다는 이야기였다. 환율이 어떻게 변동되는지 그 원리를 아는 것이 경제를 이해하는 첫걸음이며, 주가변동이 심하거나 부동산이 폭락할 때에도 큰 손실을 피할 수 있다는 얘기였다.

한국 경제에서 환율의 위력
환율의 흐름을 아는 자가 시장을 지배한다

　환율은 국제화 및 무역자유화 조치로 거시경제지표 중에서 가장 중요한 요소가 되었다. 자본의 이동과 무역에는 항상 환율이라는 매개변수가 작용하고 있기 때문이다. 한국은 부존자원이 없어 해외에서 원자재를 수입한 뒤 가공하여 국내에서 소비하거나 수출해서 돌아가는 대외 의존적인 사업구조를 가지고 있다. 수입과 수출에 의존하는 한국 경제는 70% 이상이 환율에 영향을 받는다. 그러므로 한국 경제는 외화가 없으면 사실상 경제활동이 마비될 수밖에 없는 구조다. 따라서 경제성장률도 중요하고 국민소득과 가계의 실질소득도 중요하지만, 가장 중요한 것은 환율 관련 지표라고 할 수 있다. 환율이 오르면 물가가 상승하고 가계의 실질소득이 급감하는 것은 물론 대출금리가 상승하여 부동산 가격이 큰 폭으로 하락할 수 있기 때문이다. 구체적인 사례를 보자.

1. 주식시장

환율이 변동하면 주식시장에 영향을 미친다. 그러나 환율 변동 요인이 무엇이냐에 따라 그 영향은 다르다. 환율이 달러 강세 요인 때문에 상승하면 주식시장에 호재가 될 수 있다. 하지만 원화 약세 요인에 의하여 상승하면 주식시장에 장애가 될 수 있다. 따라서 주식투자자들을 환율이 어떤 요인에 의해 변동되는지를 구분할 수 있어야 투자수익률을 높일 수 있고 주가지수 하락에 따른 위험을 관리할 수 있다.

한편, 해외 주식형 펀드에 가입하면 달러로 환전되어 해당 국가의 주식시장에 투자된다. 따라서 해외 주식에 투자한 동안 환율이 변동하면 환차손, 또는 환차익이 발생할 수밖에 없다. 만기일에 환율이 상승하면 환차익이 발생하며, 하락하면 환차손이 발생한다. 해외 주식형 펀드에 가입할 경우에는 반드시 해당 국가의 주식시장 전망은 물론 펀드 만기 시점의 환율 동향까지 고려할 필요가 있다.

2. 부동산시장

환율이 적당히 상승하면 건축 원자재의 수입 가격이 올라 분양가가 오르므로 아파트 가격의 상승 요인으로 작용한다. 따라서 환율이 적당하게 오르고, 주택경기가 호황 국면일 때는 가격상승 요인으로 작용할 수 있다. 그러나 환율이 지나치게 상승하면 부동산 폭락을 가져온다. 말하자면 환율이 가장 높은 수준에 있을 때 부동산 가격이 바닥일 가능성이 높다.

3. 환율이 기업에 미치는 영향

일반적으로 환율이 적당히 상승하면 수출기업의 이익이 상승하고 수입기업의 이익은 하락한다. 하지만 환율이 급격히 상승하면 기업의 경영환경이 악화될 수밖에 없다. 환율의 급변동은 경기에 큰 영향을 미치므로, 기업들은 환율 변동의 추세를 예민하게 살펴 대응해야 어려운 시기에 살아남을 수 있다. '환율은 신만이 아는 영역이다'라고 말하는 사람도 있는데, 그만큼 환율 변동을 예측하기는 어렵다는 말이다. 하지만 환율결정 원리를 공부하면 대세 상승이나 대세 하락의 신호 정도는 알 수 있다.

4. 환율이 실질소득에 미치는 영향

환율이 상승하면 생산원가가 올라 물가가 비싸지므로 근로자의 실질소득이 감소한다. 환율이 하락하면 수입가격이 낮아지므로 소비재가격이 하락하여 실질소득이 증가한다. 2007년 한국은행 조사결과에 따르면, 환율과 석유가격이 각각 10% 상승한 경우에 환율상승이 유가상승보다 물가에 미치는 영향이 4배 큰 것으로 나타났다.

환율은 기업환경과 재테크시장 전반에 영향을 미칠 수밖에 없다. 환율을 모르면 투자와 기업 경영에서 성공할 수 없고 환위험관리도 실패할 확률이 높다. 환율의 흐름을 아는 자가 시장을 지배하는 것이다.

현명석 기자

"야, 역시 현명석이군. 대단한데!"

홍 대리는 명석이 자신과는 달리 저만치 앞서 세상 돌아가는 이치를 꿰뚫고 있는 것처럼 보였다. 특히 '환율의 흐름을 아는 자가 시장을 지배한다'는 문장이 가슴에 와 닿았다. 2007년 말 이후 대부분의 기업과 투자자들이 실패한 것은 큰 폭의 환율상승이 한국 경제에 미칠 충격을 충분히 예상치 못한 것이 주요 원인이라는 것, 대부분의 가계와 기업들은 환율이 왜 상승하는지 모르고, 주가지수와 부동산 가격하락에 따른 위험을 관리하지 못해 피해가 더욱 커지고 말았다고 했다. 홍 대리는 현 기자가 자신이 알고 지낸 현명석이 아니라 전혀 다른 사람으로 느껴졌다.

　새삼 명석과의 지난 일들이 떠올랐다. 둘은 함께 K시에 있는 국립대를 다녔다. 학과는 달랐지만 대학 1학년 때 등산 동아리에서 처음 만났다. 꿈 많고 놀기 좋아하던 시절, 죽이 잘 맞았던 둘은 항상 어울려 다녔다. 명석이 집에 놀러 왔다가 고등학생이던 소희를 보고 반해 연애편지를 써서 사이가 조금 틀어진 적도 있었지만 소희가 대학 갈 때까지 기다리기로 합의(?)를 본 후 금방 풀어진 적도 있었다.

　함께 대학 시절의 낭만을 맘껏 즐기는 것도 잠시였다. 2학년이 되자 IMF 외환위기가 온 나라를 소용돌이로 빠뜨렸다. 풍족하지는 않지만 평온했던 명석의 집안은 정리해고 열풍과 함께 은행부장이었던 아버지가 명예퇴직을 하면서 형편이 어려워졌다. 사정은 홍 대리도 비슷했다. 둘은 2학년 1학기를 마치고 어쩔 수 없이 함께 입대를 했는데 후방에서 행정병으로 근무한 홍 대리와는 달리 전방에서 수색정찰병으로 힘들게 근무한 명석은 제대 후 많이 변해 있었다.

　정 많고 무엇보다 사람을 좋아했던 명석은 공부에 방해된다며 친구들을 피해 혼자 다녔다. 아르바이트와 영어학원, 취직시험

공부에만 전념했다. 졸지에 가세가 기울었으니 그건 이해됐지만 명석을 잘 따르던 소희까지 멀리한 것은 이해할 수가 없었다.

'독한 놈!'

홍 대리는 명석과 멀어진 이유가 뭘까 한참을 더 생각해봤지만 잘 생각나지 않았다. 어쩐 일인지 명석이 자신을 멀리하는 것 같았고 형식적으로 아는 척만 하는 사이로 지내다가 졸업을 하고는 연락조차 끊어졌다.

그 뒤 명석이 3대 빅 신문사 중 하나인 고려신문에 들어가 잘나가는 기자가 됐다는 소식은 들었지만 평소 신문을 잘 읽지 않던 홍 대리는 명석을 잊고 있었다.

'여기서 볼 줄이야…… 명석이가 이런 명쾌한 글을 쓰는 기자가 되었다니!'

놀라움보다 반가움이 앞섰다. 새록새록 떠오르는 옛 생각에 감회가 새로웠다. 무엇보다 눈길을 끈 건 기사 내용이었다.

'환율결정 원리를 알면 대세 상승이나 대세 하락을 안다?'

환율의 비밀을 아는 것은 경제를 예측할 수 있는 엄청난 힘을 가지게 된다는 의미가 아닌가. 홍 대리는 자신이 수출과 관련이 있는 회사에 근무하면서도 환율에 대해 너무 모르고 있다는 걸 다시 한 번 절감했다.

잠시 생각에 빠졌던 홍 대리는 핸드폰을 들었다.

"어, 민호니? 잘 지내냐? 그래. 요즘 다 어렵지. 그건 그렇고, 너

혹시 명석이 전화번호 알아?"

현명한 명석이

"대희야."

호프집에 앉아 있던 홍 대리가 뒤돌아보자 낯익은 얼굴이 웃고 있었다. 수수한 뿔테안경에 허름한 재킷, 부스스한 머리, 예전 친구들이 놀리던 별명, '명석이' 그대로였다.

"현명석!!!"

"대희야 반갑다, 진짜. 사실은 몇 번 연락할까 했는데 못 했어. 미안하다."

"내가 미안하지. 먼저 연락할 수도 있는 건데."

제대 뒤의 우울하고 어두웠던 모습과는 달리 지금의 명석은 여유가 있어 보였다. 잘나가는 기자라는 선입견 때문일까. 약간 벗겨진 머리, 좀 나이가 들어 보이는 피부가 지나간 시간을 말해 주는 듯했다. 그리고 언뜻 비쳐지는 세상을 달관한 사람만이 가질 수 있는 무심한 얼굴.

"매일 잔디밭에서 낮술 마시던 거 기억나?"

"술 취해 수업 들어가서 횡설수설 하다 둘이 권총 찼었지."

"월출산 정상에서 수원지 쪽으로 내려오다가 바위틈에서 나온 벌에 머리 쏘여서 죽을 뻔했잖아. 기억나?"

"네가 갑자기 앞이 안 보인다고 해서 얼마나 놀랐는지. 다음날 '대학생 2명 말벌 쏘여 중태'라고 신문에도 났었지. 하하하."

만나기 전만 해도 어색할 것 같았는데 어제 만난 것처럼 편했다. 오래 두고 사귄 친구는 세월도 어쩌지 못하나 보다. 만나기 전엔 잘 몰랐는데 많이 보고 싶어 했다는 걸 느낄 수 있었다. 옛 이야기에 시간 가는 줄도 몰랐다.

"대희야, 결혼은 했어?"

"3년 됐어. 넌?"

"난 아직……."

"잘나가는 기자가 결혼도 안 하고 뭐 했냐?"

"……."

"소희……, 생각은 나니?"

명석은 멋쩍게 웃었다.

"짜식, 짓궂긴. 소희한테도 미안하다. 잘 지내지?"

"엄청 돈 잘 버는 놈 만나서 곧 시집가려고 한다."

"그래?"

명석은 놀라는 눈치였다.

"농담이야. 이탈리아로 공부하러 가고 싶어 하는데 요즘 경제 사정 때문에 힘들어. 디자이너가 꿈이거든. 오빠라고 하나 있는 게 도움도 안 되고 면목 없다. 진짜."

"그렇구나. 요즘 같은 때 외국으로 공부하러 가긴 상황이 너무 안 좋지. 나도 매일 기사 써대느라 폭삭 늙어버리겠다."

"사실 너가 쓴 기사 봤어. 너 한 번 보고 싶기도 하고, 물어보고 싶은 게 있어서 전화했어."

"나한테 물어보고 싶은 게 뭔데?"

"야, 좀 창피하다야."

"친구끼리 창피한 게 뭐 있냐. 나도 내가 맡은 일 외에는 젬병이야. 아직 결혼도 못했잖니."

"실은 우리 부서 차장이 해외출장을 가는 바람에 내가 처리해야 할 일이 있는데. 유산스 어음이라고……."

"유산스 어음?"

"……."

"그거 결제일을 뒤로 늦추는 어음이란 건데. 너희 회사에서 수입하면서 돈을 언제 주겠다고 결제일을 은행과 약속하는 거야. 보통 3개월로 하는데, 은행에 수수료 말고 이자도 따로 주어야 해. 해외 인수은행이 수출회사한테 대금을 먼저 주고 만기에 너희 회사한테 상환받는 거지."

"그렇구나. 솔직히 너한테 하는 말이지만 내가 전공은 경영학이었어도 입사 후 줄곧 관리부서에 있었거든. 금융이나 회계는 잘 몰라."

"그래도 요즘 그 정도는 기본이야. 회사에서 수출도 한다며? 그럼 외환에 대해서도 알아야지."

"그러니까 결제일을 뒤에 약정하는 어음이, 유산스……."

"그런데 요즘 환율이 불안해서 어쩌냐? 더 오를 것 같으면 빨리 결제해버리는 게 나은데 전문가들은 내릴 거라고도 하지만. 요즘엔 인터넷카페 같은 데도 자료 많이 올라와 있어. 한번 들어가서 읽어봐."

"알았어. 그런데 명석아, 네 기사에 환율결정 원리를 알면 대세 상승과 하락을 알 수 있다고 했는데, 무슨 말이야?"

"그게 뭐냐 하면 왜 우리 경제학개론 시간에 배웠잖아? 환율을 결정하는 몇 가지 요소가 있다고."

"……."

"짜식, 아무 기억도 안 난다는 표정이구만. 잘 들어봐. 우선 화폐수량설, 즉 돈의 숫자가 늘면 가치는 그만큼 떨어진다. 그러면 돈의 가치를 떨어뜨린 나라의 환율이 오른다는 것이지. 화폐수량설은 원래 애덤 스미스 시절, 그러니까 근대경제학 시절의 여러 학자들이 주장한 거야. 케인스는 은행이 돈을 쥐고 풀지 않는 경우에는 이게 잘 안 먹힌다고 인정을 안 해. 아니, 인정하긴 하는

데 예외가 있다는 거야. 그게 유동성 함정이란 거지."

"야, 너무 어렵게 말하지 마!"

"엄살은! 결국 정상적인 상황이라면 화폐가 늘어나면 가치가 떨어지고 그 떨어진 가치만큼 환율에 반영된다는 게 바로 화폐수량설이야. 예를 들어 보자구. A나라와 B나라에……."

"아! 어지러워, 그만해!"

"대희, 너 골 아픈 말 싫어하는 건 여전하구나?"

"그래. 벌써 용량초과야. 오늘은 일단 유산스 어음만으로도 충분해. 다음에 더 듣자."

명석은 알았다며 잘 아는 경제연구소 소장이 카페지기로 있다는 한 인터넷사이트 주소를 적어 건네주었다.

"유명환 소장이라고 그 양반 때문에 특종을 몇 번 했지. 얼마 전 키코 관련 특집기사를 쓸 때도 조언을 많이 해주신 분이야."

"키코라고?"

"그래, 왜 그렇게 놀라?"

"아니. 우리 회사도 요즘 키코 때문에 어수선해서……."

"요즘 그런 기업이 어디 한두 군데냐? 암튼 환율이 여러 기업 잡아요. 자, 한 잔 해. 우리 그런 얘기 그만하고 술이나 먹자."

"좋았어. 오늘 끝까지 달리는 거다!"

이튿날도 홍 대리는 여전히 H사의 서류를 붙들고만 있다가 할 수 없이 퇴근 직전 병원으로 찾아가 문 부장에게 보여주었다. 서류를 들여다보던 문 부장이 왜 빨리 연락하지 않았냐며 혀를 찼다. 일단 유산스 어음은 3개월 후 결제 처리하기로 하고 문 부장이 사인을 해서 보냈다.

환율을 모르는 자,
모두 유죄?

"니하오!"

한 손에 면세점 봉투를 든 강 차장이 밝은 얼굴로 사무실에 들어섰다. 강 차장의 중국 출장이 대성공이라고 오기 전부터 소문이 자자했다.

"잘나가는 사람은 하늘도 도와준다니까!"

그동안 품질은 일본에, 가격은 중국에 밀려 샌드위치였던 한국 기업들이 원화가치 하락으로 가격경쟁력이 크게 높아져 수출 수주가 순조로운 덕을 태산전자도 보고 있었다. 원화가치가 하락하면서 한국제품의 가격경쟁력이 높아지자 시장에서는 엔고로 터무니없이 비싸진 일본 제품이나 품질이 떨어지는 중국 제품을 찾을 이유가 없어진 것이다.

키코 충격에도 태산전자가 그나마 버틸 수 있던 것은 이 때문이었다. 연초부터 판매 목표량을 전년 대비 50% 올리고 영업부서를 확장하자며 건의를 하던 강 차장에게는 호랑이가 날개를 단 격이었다.

문 부장은 더 쉬라는데도 그럴 수 없다며, 퇴원한 이튿날부터 회사에 나왔다.

3일 후, 출근을 했는데 사무실 공기가 이상했다. 다른 사람들은 다 어디 갔는지 강 차장은 턱을 괸 채 한숨을 쉬고 있고, 고은주는 창밖만 보고 있었다. 홍 대리를 보자 강 차장이 사무실이 떠나가라 소리를 쳤다.

"홍 대리. 당신 정신이 있어 없어?"

"왜요. 뭐가 잘못 됐나요?"

"지금 그걸 말이라고 해?"

"……."

"생산부 쪽에서 부품이 도착하지 않아서 생산라인이 스톱 직전이라고 난리가 났대요. 어쩐 일이래요?"

은주가 낮은 목소리로 사태를 알려주었다.

"저, 그게…… 분명히 서류를 보냈는데요."

"저쪽에서는 서류가 도착하지 않아서 부품을 보내지 않았다고 하는데 눈은 쌩폼으로 달고 다니는 거야, 지금?"

그때 임원실에 갔다온 문 부장이 서류뭉치를 들고 들어왔다.

문 부장도 얼굴이 하얗게 변한 걸 보니 사태가 심상치 않은 모양이었다.

"홍 대리, 자네가 올린 유산스 어음 건 말이네. 그게 너무 늦게 보내는 바람에 선적에 차질이 생긴 모양이야. 아마도 일주일 후에나 도착할 모양인데 공장에서는 재고량이 바닥이 났다는구만!"

"문 부장님도 그렇지. 이렇게 환율이 오르고 있는데 3개월 유산스 거래를 하면 어떻게 합니까?"

"환율이 계속 오를 줄 알면 그런 거래는 안 하지. 설마 여기서 더 오를까?"

"참내. 수출물량 아무리 잡아와도 이렇게 손발이 안 맞아서야 어떻게 일을 하란 말인지, 도대체."

강 차장은 문 부장과 홍 대리를 번갈아보며 싸잡아 공격했다. 이번 기회에 아예 자기 입지를 확고히 하고 싶은 모양이다.

"이번 건은 내가 입원하는 바람에 생긴 일이기도 하고, 홍 대리도 직접 맡은 업무가 아니라서 착오가 있었다고 변명은 했는데, 아무튼 각오를 해야겠어."

"각오라니요?"

"가뜩이나 어려운 상황에 이런 실수까지 했으니."

"일단 감봉이나 사표는 아니고, 업무를 바꾸는 쪽으로……."

홍 대리는 순간 정신이 아득해졌다. 강 차장이 출장 간 사이에 일처리를 잘해서 이번에는 능력을 인정받고 싶었는데 유산스 어음 건으로 완전히 궁지에 몰리게 되었다.

그날 이후 홍 대리는 도통 일이 손에 잡히지 않았다. 문 부장은 한숨만 늘었고, 강 차장은 이제 아예 홍 대리에게 눈길조차 주지 않았다.

'이번엔 정말 잘해보고 싶었는데…… 이제 난 어떻게 되는 걸까?'

결국 올 것이 오고야 말았다. 금년 들어서 계속 일이 손에 잡히지 않고 마음이 불안한 이유가 나라 안팎의 어수선한 뉴스나 아내와의 가벼운 마찰 때문인 줄 알았는데 큰 사고는 몸이 먼저 알아차리는 모양이다. 홍 대리는 오히려 마음이 차분해졌다. 쥐구멍이라도 찾고 싶었지만 들어갈 쥐구멍은 없었다. 그래서 뚜벅뚜벅 사무실을 걸어 나와 건물 옥상으로 향했다. 조현이가 따라 나오려는데 문 부장이 말리는 소리가 들렸다.

물류센터로 좌천되다

부품이 늦게 도착하는 바람에 생산 공정에 차질이 빚어진데다 지급해야 할 돈이 계속 늘어났다. 임원실에서는 매일 회의를 했지만 뾰족한 수가 없었다. 이미 엎지러진 물이었다. 그동안 수출로 벌어들인 돈을 가만히 앉아서 까먹고 있는 셈이었다. 내수라도 잘 받쳐주면 좋으련만 세계적인 금융위기와 경기침체 여파가 워낙 커 국내 영업도 매출이 떨어지고 있었다.

태산전자 물류센터.

그 사건 이후, 홍 대리가 새로 배치받은 곳이다. 부품과 제품들을 각지의 대리점과 AS센터, 공장에 내보내는 일을 하는 부서다. 업무태만과 미숙으로 인사과의 징벌위원회에 회부된 홍 대리는 구매부로 좌천된 후로도 업무 전반에 대해 호된 감사와 질책을 받았다.

권고퇴사까지 갈 뻔했지만 문 부장은 자기도 책임이 있다며 홍 대리를 감쌌고 강 차장을 제외한 부원들이 탄원서를 써준 끝에 물류센터로 자리를 옮기는 것으로 일단락되었다.

강 차장의 눈총과 무시를 받지 않아서 마음은 편했지만 홍 대리는 물류센터가 적성에 전혀 맞지 않는다는 것을 금방 알아차렸다. 회사에서는 대놓고 말은 하지 않았지만 '견딜 수 없으면 떠나라'는 의도가 분명했다. 그렇지 않고서야 사무만 보던 홍 대리를 이곳으로 보낼 리가 없었다.

물류센터 직원인 배일도가 들어왔다. 배일도는 덩치가 산 만해서 그것만으로도 위압감을 주는 인물이다.

"대리님, 방금 신제품 들어왔는데요."

"그래요? 그럼 받아놓고 개수 맞는지 확인해봐요."

배일도가 퉁명스럽게 말했다.

"오늘 박 주임도 비번인데 와서 좀 도와주셔야죠."

'어라, 이 자식이 또 그러네!'

홍 대리는 기분이 나빴지만 내색하지 않고 일어섰다. 거친 물류센터 직원들은 본사 직원이었던 홍 대리가 갑자기 와서 팀장자리에 앉아 있는 게 못마땅했고, 홍 대리 역시 이곳에서 자신은 마치 물에 섞인 기름 같다는 생각이 들었다.

마지못해 사무실을 나서자 배일도가 혀를 차며 뒤따랐다. 박스를 창고 한쪽에 쌓은 뒤 바닥에 주저앉아 숨을 몰아쉬는 홍 대리와는 달리 배일도와 다른 직원들은 쌩쌩했다.

"우린 먼저 퇴근할 테니까 대리님은 수량 확인한 다음에 본사에 팩스 보내고 들어가세요. 야! 삼겹살에 소주나 한 잔 하러 가자."

홍 대리만 남겨두고 직원들은 모두 창고를 빠져나갔다. 의자에서 몸을 일으키던 홍 대리가 허리를 만지며 다시 주저앉았다. 심한 노동도 아닌데 좀처럼 일이 익숙해지지 않았다. 아니 익숙해지면 영원히 여기 머물게 될까봐 익숙해지기가 싫은 걸지도 몰랐다.

'난 인생 실패작이 아닐까?'

중학교 때 영어선생님도 그렇게 말했다.

"홍대희, 너 머리가 좀 어떻게 된 거 아니야? 멀쩡하게 생겨가지고…… 학생이 노력을 해야지 뭘 믿고 이렇게 공부를 안 해?"

'체육선생님은 또 어떻고?'

"남자는 체력이 생명이야. 홍대희 넌 동작이 민첩하지 못해! 더 빨리 뛰어!"

그때나 지금이나 달라진 건 없다. 그냥 어디 숨어서 실컷 잠이나 잤으면 좋겠다는 생각을 하는데 전화벨이 울렸다.

"홍 대리님, 일은 좀 어떠세요? 많이 힘드시죠?"

"아, 조현이 씨 오랜만이네. 잘 지내지?"

"네. 실은 저…… 대리님 죄송해요. 유산스 어음 건, 따지고 보면 제가 더 챙겼어야 하는 건데……."

"참 현이 씨도 별 소리를 다 하네. 책상에만 앉아 있다가 여기 오니까 운동도 되고 좋은데 뭘."

"문 부장님도 그렇고 다들 걱정하세요. 근데 홍 대리님 혹시 사내 제안서 공모 얘기 들으셨어요?"

"제안서?"

"아직 모르시는구나. 이번 주 임원회의에서 '태산전자의 현안과 위기돌파 대책 제안서'를 공모하기로 했대요. 채택되면 승진 포상도 있구요."

"그래?"

'승진포상이라…….'

홍 대리는 귀가 솔깃해졌다. 만약 제안서가 채택되면 승진과 함께 지겨운 창고생활을 접고 본사로 돌아갈 수 있을지도 모른다. 하지만 과연 그걸 해낼 수 있을지 자신이 없었다.

그렇지만 홍 대리는 이번이 마지막 기회라는 생각이 들었다. 뭔가 돌파구가 필요했다. 호주머니에 손을 넣는데 뭔가가 손에 잡혔다. 명석이 준 인터넷카페 주소였다. 홍 대리는 지푸라기라도 잡는 심정으로 〈환율아 놀자〉 카페를 클릭했다.

"와!"

홍 대리가 카페에 들어와 제일 놀란 것은 회원수와 매일매일 카페를 방문해 활발한 토론을 주고받는 수많은 댓글들이었다. 일반 사람들은 환율에 대해 잘 모를 거라 생각했는데 1만 명에 가까운 회원들이 이미 가입해 있었고 오늘 들른 회원들만 해도 400명이 조금 넘었다.

'아니, 외환에 관심 갖는 사람들이 이렇게 많단 말이야?'

그동안 너무 안일하게 업무를 처리하고, 세상 돌아가는 일에 무관심했던 자신이 한심하다 못해 원망스러웠다. 그 흔하디흔한 블로그도 하나 만들지 않고 자기계발을 게을리 했던 원인이 정말로 타고난 성격 때문인 걸까?

〈환율아 놀자〉 카페는 공지사항과 등업절차 아래 환율이란 무엇인가, 환율의 종류, 환율은 어떻게 결정되는가, 환율은 왜 변동하는가, 환율 변동은 경제에 어떤 영향을 미치나, 그리고 마지막에 환율은 예측할 수 있다라는 세부 카테고리로 나눠져 있었다.

'휴, 여기 있는 내용만 미리 공부했더라도 좋았을걸.'

환율 왕초보인 홍 대리가 보기에도 이곳에서 공부 좀 하면 환율을 제대로 알 수 있을 것 같았다. 그중에서도 가장 관심이 가는 건 마지막에 있는 '환율은 예측할 수 있다'란 카테고리였다.

'뭐? 환율을 예측할 수 있다고? 흠, 경제전문가들도 환율은 신의 영역이라고 함부로 예측하지 말라고 했건만 이건 과장이 좀 심하군!'

그러나 한편으론 궁금했다. 환율예측[10] 방법만 안다면, 그동안 강 차장에게 받았던 수모도 몇 배로 갚아주고, 무엇보다 회사에 입힌 손실을 만회하고 아내에게도 큰소리 칠 수 있을 것 같았다.

관광 가이드인 아내 지선은 항상 이렇게 말했다.

"빨리 돈 벌어서 나도 남이 가이드해주는 여행 한번 가고 싶어."

홍 대리는 지선의 활짝 필 얼굴을 생각하자 갑자기 힘이 솟았다.

'그래, 두고 보자고. 이제 더 이상 내려갈 곳도 없다!'

그런데 막상 글을 읽으려고 하니 자유게시판 외에 다른 곳은 열리지가 않았다. 정회원이 되어야 다른 글들을 읽을 수 있단다.

'일단 가입은 했으니 됐고.'

공지사항을 읽어보니 회원 등급에 대한 설명이 자세히 적혀 있었다. 준회원에서 정회원이 되려면 개인정보 공개는 물론, 카페 방문과 댓글 쓰기가 기본이었다. 또 정회원에서 우수회원, 특별회원까지 승급이 되는 조건도 적혀 있었다. 우수회원은 카페방문 횟수와 글쓰기로, 특별회원은 카페에서 정기적으로 갖는 오프모임에 참석하는 조건이었다.

> 정보공개를 한 후 사흘 내에 신상소개까지 마쳐주시면 정회원으로 승급되어
> 카페를 모두 둘러보고 글을 올릴 수 있는 자격이 주어집니다. 그리고 10일
> 안에 10회 이상 카페를 방문하여 글을 올리면 우수회원이 되시며, 우수회원
> 은 저희 〈환율아 놀자〉 카페 오프모임에 참석하실 수 있습니다. 시원한 맥주
> 와 함께 카페지기 유명환 소장님의 환율 전망을 들을 수 있는 오프모임, 궁
> 금하지 않으세요?

인터넷카페라는 사이버 공간은 다른 세계였다. 삭막하고, 힘
으로 서열이 매겨지는 물류센터와는 완전히 다른 평화로운 세계
로 느껴졌다.

배일도가 일부러 크게 소리를 지르고 쿵쿵거리며 걸어 다녔지
만 홍 대리는 틈틈이 컴퓨터를 켜고 〈환율아 놀자〉 카페에 들어
갔다.

이곳을 찾는 사람들은 우선 따뜻하게 인사를 나누고 안부를 물
었다. 현실과는 달리 승진도 빨랐다. 가입만 하면 준회원이 되고,
내가 누구인지 밝히기만 하면 정회원으로 승급된다. 홍 대리도 이
젠 카페를 모두 둘러볼 수 있고 글을 올릴 수도 있게 되었다.

'아, 사이버 세상은 좋구나. 모두에게 개방되어 있다니! 그러니
까 10일 안에 10번 이상 들러 글을 올리면 우수회원이 되고 오프

모임에도 나갈 수 있다는 거잖아!'

　　홍 대리는 머지않아 카페 사람들과 어울려 열띤 토론을 펼치
는 자신의 모습을 상상했다. 집으로 오는 길에 서점에 들러 카페
에서 소개한 책도 몇 권 샀다. 서점에 들른 것도 참으로 오랜만의
일이었다.

와신상담,
때를 기다려라

오늘도 퇴근 후 집에 돌아와 홍 대리는 다시 카페에 접속을 했다. 그 사이에도 많은 회원들이 자유게시판에 글을 올려놓기도 하고 오늘의 환율 동향이나 전망에 대해 의견을 나누고 있었다.

홍 대리 자신도 알지 못했던 전문적인 내용들을 이곳에서는 일반회원들이 묻고 답하고 하는 것이 신기하기만 했다. 책을 들여다보며 열심히 컴퓨터 자판을 두들기는 자신이 신기하고도 뿌듯했다.

"참, 오래 살고 볼 일이네. 요즘 당신 이상한 거 알아? 환율공부 한다기에 며칠이나 갈까 싶었는데……."

사실 지선은 홍 대리가 부서이동, 솔직히 말하면 좌천된 것을 알고 나서 몹시 실망했던 것이 사실이다. 앞일이 불 보듯 뻔했다.

몇 년 사이에 경제상황이 나빠지고 실업자가 늘면서 기업들은 가만히 앉아서도 얼마든지 고급인력들을 골라 쓸 수 있게 되었다. 새로 들어오는 유능한 후배들을 보면 남들은 자극을 받아 새로 자격증도 따고, 학원에 등록해 자기계발에 힘쓴다는데 그동안 홍 대리의 모습은 그렇지 않았다.

그렇다고 밖에서 친구들과 어울리거나 운동을 하는 것도 아니고, 집에 돌아오면 TV를 끼고 앉아 스포츠 중계에만 열을 올렸다. 그것도 지선이 제일 싫어하는 야구와 축구 중계만 보았다. 사실 지선이 원래 야구나 축구를 싫어했던 것은 아니다. 2002년 월드컵 때는 지선도 붉은 티셔츠를 입고 거리로 나가 소리 지르며 밤새 응원했다. 하지만 매일 스포츠 중계에만 빠져 사는 남편 때문에 지겨워졌다.

'소 잃고 외양간 고치기.'

지선은 우유부단하게 생활해온 홍 대리가 며칠 전 물류센터로 발령이 났다며 어깨가 축 처져 퇴근했을 때, 해서는 안 될 소리까지 하고 말았다.

"내 그럴 줄 알아. 박사학위증을 들고도 취직하려고 눈에 불을 켠 사람들이 줄을 섰는데 당신은 그렇게 세상 돌아가는 것도 몰라? 맨날 TV에만 빠져 있더니 이게 뭐냐구?"

"난들 골프 칠 줄 몰라서 축구 봤냐? 그나마 그게 제일 경제적인 취미니까 그렇지."

"골프 치라는 게 아니라 TV 볼 시간에 진작 책이라도 좀 봤으면 좋았잖아!"

"지금은 영상시대야!"

"영상시대 좋아하시네. 서점에 가봤어? 요즘 무슨 책이 나오는지나 알아?"

"그만 좀 해. 나도 괴롭다구!"

매사 이런 식이었다. 좌천을 했으면 절망을 하고 이를 악물고 분발하는 모습을 보이면 차라리 지선은 홍 대리를 위로했을 것이다. 그런데 남편은 모든 원인을 강 차장에게만 돌렸다. 그 모습이 마음에 들지 않아 더 심하게 굴었다. 하지만 지금은 그때 일이 조금 미안해졌다.

"안 피곤해?"

지선은 오렌지주스를 책상에 놓았다.

"응. 고마워."

지선은 말 없이 홍 대리의 어깨를 토닥여주다가 조용히 방을 나갔다. 홍 대리는 그런 지선의 뒷모습을 물끄러미 바라보았다.

지선은 몸이 피곤할 때면 유난히 신경질을 잘 냈다. 처녀 때부터 앓아온 갑상선 기능 항진증 때문이라고 말하지만 꼭 그렇지만도 않은 것 같았다. 아무튼 이렇게 주스를 가져다주는 것은 지선이 꼬인 마음을 풀었다는 표시였다. 아내는 여러모로 똑똑하고 재치 있는 여자다. 아마도 그 재치와 능력이 없었으면 오늘까지 거친 여행업계에서 버텨내지 못했을 것이다. 여행을 마치고 돌아간 고객들한테서 고맙다는 메일도 자주 오고 가끔씩은 꽤 비싼 선물도 받는 것을 보면 지선의 능력을 알 수 있다.

결혼 전 홍 대리가 일본에서 오는 바이어를 안내하러 공항에 나갔다가 출구를 착각해 헤맨 일이 있다. 그때 마침 일본으로 돌아가는 단체관광객들을 배웅하러 나왔던 지선의 도움을 받지 않았더라면…… 생각만 해도 아찔한 일이었다. 얼굴이 붉으락푸르락 하던 바이어를 지선은 유창한 일본어로 구슬려 마음을 돌려놓았다.

사람은 태어날 때부터 '인연'이라는 이름으로 누군가를 만나기로 예견되어 있는 걸까. 이튿날 고맙다며 꼭 저녁을 사고 싶다고 한 건 다 홍 대리의 작전이었다. 지금까지 한 일 중에서 가장 성공한 일은 지선과 결혼한 일이다. 그것만큼 잘한 일은 없다고 홍 대리는 늘 생각한다.

홍 대리는 다시 카페 글들을 읽는 데 집중했다. 우선 그곳에 올라와 있는 자료들을 하나씩 읽어내려 갔다. 환율이란 무엇인가에서부터 환율은 그 나라 돈의 대외가치를 보여준다는 것, 원화의 대외가치를 알려면 원화와 다른 통화의 교환비율을 보면 된다는 것, **외환시장**(Foreign Exchange Market)[11]은 물리적 공간이 아니라 각국 은행들의 자금 결재 네트워크로 연결된 사이버 공간이라는 것까지 상세히 쓰여 있었다.

그리고 **기축통화**[12]인 달러의 역사와 흔히 말하는 달러 강세, 엔화 강세 같은 말들의 의미를 '그 나라 돈의 힘이 세졌다'는 말로 쉽게 풀어놓기도 했다. 강세란 상대 통화와 바꿀 때 더 많은 돈을 받을 수 있다는 것이다. 즉 달러 강세는 흔히 1)달러가 엔화에 비해 강세를 보였다 2)달러가 엔화에 비해 올랐다 3)달러 가치가 올랐다는 식으로 말한다 등의 기초적인 글에서부터 환율 변동을 가져오는 여러 요인들에 대해서도 적혀 있었다.

그런데 환율과 무역수지, 환율과 물가의 상관관계, 환율이 상승하면 수출이 왜 증가하는지, 외환전문가들이 왜 환율예측에 실패했는지, 주식시장과 외환시장의 관계와 미국 달러 가치와 원화 가치의 상관관계, 금리하락과 금리인하의 차이점 등 홍 대리가 정작 읽고 싶은 글들은 열리지 않았다.

그 글들은 유명한 사설경제연구소 소장이자 이 카페의 주인으로 있는 유명환 소장이 쓴 것이어서 더 궁금했지만 우수회원 이상 읽기로 설정되어 있었다. 아직 등급수정이 되지 않은 홍 대리로서는 기다릴 수밖에 없었다.

평소엔 거들떠보지도 않다가 읽지 못하게 되면 괜히 더 읽고 싶어지는 게 사람의 심리다. 홍 대리는 특히 외환전문가들이라고 하는 사람들조차 왜 환율예측에 실패하는지를 알고 싶었다. 그게 이 사이트의 제일 중요한 정보일 것 같았다. 그런데 세 번이나 페이지를 바꾸면서 다시 클릭을 해봐도 헛수고였다.

"제발, 빨리 좀 열어주라. 글 좀 읽게!"

2장

환율공부는
경제공부의 기본

첫 번째 미션
- 환율 기초 다지기

열흘 후.

드디어 홍 대리에게 〈환율아 놀자〉 카페의 운영자로부터 쪽지가 도착했다. '엽기적인 그녀'라는 아이디를 쓰고 있는 것을 보니 여자인 모양이다.

드디어 우수회원이 되셨군요. 환영합니다.

저희 오프모임에 초대하기 전 한 가지 미션을 드릴게요.

그동안 카페에 오셔서 기본적인 자료를 읽으셨는지

저와 대화를 나누는 것이랍니다. 직접 만나는 것은 아니고요.

저녁 9시 이후 채팅방에서 뵐게요.

'엽기적인 그녀? 그래, 엽기녀, 기다려라. 그리고 게시글 좀 빨

리 열어주라.'

홍 대리는 일단 부딪쳐 보기로하고 오늘 밤 바로 채팅방에 들르겠다는 쪽지를 보냈다.

퇴근 후, 홍 대리는 가볍게 샤워를 하고 맥주를 한 잔 따라 목을 축이며 엽기녀와의 채팅을 기다렸다. 직접 만나는 것도 아닌데 왠지 목이 탔다.

'왜 긴장을 하지?'

채팅에서 만날 운영자가 여자여서일까, 홍 대리는 괜히 좀 설레였다. 그리고 새삼 결혼 전에 채팅으로 잠깐 사귀었던 여대생이 떠올랐다.

'그때가 참 좋았는데…….'

홍 대리는 오랜만에 설렘을 느끼며 그간 직장생활을 하느라 몸과 마음이 많이 지쳐 있었다는 걸 깨달았다.

'세월이 이렇게 빠르게 흐를지 몰랐다고.'

잠깐 엉뚱한 생각에 빠져 있는 사이, 채팅방에 '엽기녀'가 들어와 있었다.

엽기녀 : 안녕하세요? 홍 대리님, 벌써 오셨군요? ^^

홍 대리 : 안녕하세요. 기다리고 있었습니다. 그런데 미션이…….

엽기녀 : 아이, 걱정하지 마시고요. 간단한 질문입니다. ㅎㅎ

홍 대리 : 그래도 긴장이 되는데요.

엽기녀 : 카페에 올린 홍 대리님의 글을 읽고 꼭 우리 오프모임에 참석하길 바랐어요.

홍 대리 : 네.

엽기녀 : 홍 대리님은 환율이 뭐라고 생각하세요?

홍 대리 : ……

엽기녀 : 그냥 생각나는 대로요. 테스트가 아니라 그냥 편하게 대화하는 거라고 생각하세요.

홍 대리 : 통화비율 아닙니까?

엽기녀 : 맞아요. 각국에서 사용하는 통화가 다르기 때문에 다른 통화를 가지고 무역을 하기 위해서는 교환비율이 필요하게 됩니다. 바로 그게 환율이죠. 달러가 기축통화인 상황에서는 그냥 쉽게 '달러의 가치'라고 생각하시면 돼요.

홍 대리 : 네, 환율은 달러의 가치……

엽기녀 : 그럼 **환율 표시방법**[13]은요?

홍 대리 : ?

엽기녀 : ㅎㅎ 환율을 공부하려면 이런 게 기초예요.

홍 대리 : 그렇군요!

엽기녀 : 두 가지가 있습니다. 첫 번째 **직접 표시방법**[14]입니다. 우리나라에서 사용하고 있지요. 1달러=1,200원과 같이 외국통화 1단위를 기준으로 하는 겁니다. 따라서 환율이 상승되었다는 건, 1달러가 1,300원이 되었다는 소리죠. 이때 평가절하라는 말을 씁니다. 한국 돈이 달러와 비교해서 평가해볼 때 가치가 떨어졌다는 거죠. 그래서 환율상승은 평가절하라고

부릅니다. 별거 아니죠. ^^

홍 대리 : 반대로 환율하락은 평가절상이고⋯⋯

엽기녀 : 바로 그거예요. 두 번째 표시방법은 **간접 표시방법**[15)]입니다. 자국 통화
를 1단위 기준으로 사용하는 거죠. 달러라는 상품을 사는 데 우리나라
돈 얼마가 든다, 이 정도로 이해하시면 됩니다.

홍 대리 : 바로바로 나올 수 있도록 머릿속에 꽉!

엽기녀 : 책에 다 있는 겁니다. ^^

홍 대리 : 이게 미션인가요?

엽기녀 : 미션이라기보다는 기초적인 내용을 상기시켜드리는 것이죠. 이걸 페이퍼
로 작성해 운영자에게 제출하는 것이랍니다.

홍 대리 : 페이퍼로요?

엽기녀 : 외환시장에 대해서 기초적인 것부터 아는 대로 작성해 내는 거죠. 그럼
외환시장은 뭘까요?

홍 대리 : 그건⋯⋯

엽기녀 : 거 보세요. 내용을 읽었는데도 막상 생각이 안 나죠? 외환시장은 실제
로 있는 장소가 아니라 외환매매가 이루어지는 행위 자체를 말하죠. 아
주 중요한 의미예요. 넓은 의미의 외환시장은 기업이나 개인과 은행과
의 거래이고 좁은 의미의 외환시장은 은행 간이나 브로커를 통한 통화
거래를 의미합니다.

엽기녀 : 기업들은 수출, 수입한 금액에 대해서 은행과 외환거래를 하구요. 은행
끼리는 직접 혹은 브로커를 통해서 외환거래를 하죠. 은행끼리라고 해
서 국내 은행으로 국한하지 않고 외국 은행도 포함된답니다.

나   : 그렇군요.

엽기녀 : 홍 대리님은 이미 우리 오프모임에 참석할 자격이 충분히 있으세요. 그러나 이 절차는 모든 회원들에게 적용되는 것이라서요. 꼭 페이퍼로 작성하셔야 돼요!

홍 대리 : 페이퍼만 제출하면 내일 모임에 참석해도 되는 건가요?

엽기녀 : 그럼요. 꼭 오셔요. 장소는 알고 있죠?

홍 대리 : 홍대 앞 S라운지

엽기녀 : 네, 기다릴게요.

홍 대리 : 그럼 내일 뵐게요…… 좋은 저녁 되세요.

엽기녀 : 홍 대리님께서도 ^^

페이퍼라면 홍 대리도 자신이 있었다. 보고서 작성에 이골이 난데다 이미 인터넷 여러 곳을 뒤져 찾아놓은 환율 관련 자료가 많이 있었기 때문이다. 진작 체계적으로 공부해둘 걸 후회가 되기도 했지만 어쨌든 엽기녀 덕분에 환율 자료까지 만들게 됐으니 많이 발전한 셈이다.

'이런 걸 거창하게 미션이라고 하는구나.'

홍 대리는 질문이 너무 쉬워 자신을 생초보자로 보는 것 같아 살짝 기분이 상하려고 했지만 엽기녀가 새삼 고마웠다.

엽기녀에게 보낼 자료는 일단 환율에 관한 가장 기초적인 것을 정리한 것으로 〈환율의 의미와 표시방법〉이라고 제목을 달고 폼 나게 삽화도 그려넣었다.

채팅을 마치고 홍 대리가 자료를 작성하는 동안 지선도 뭔가를 열심히 쓰고 있었다. 집안이 갑자기 학구적인 분위기로 변해 지선은 내심 기분이 좋았다. 새벽 2시가 넘어서야 홍 대리는 자료를 완성했다. 그 자료는 엽기녀에게 곧바로 보내졌고 이튿날 아침 회신이 왔다.

홍 대리님, 첫 번째 미션을 잘 마치셨어요.

그런데 오늘 오프모임은 갖지 않기로 했답니다.

회원들이 모두 사정이 있어서…….

내일 2차 미션을 보내드릴게요. 오늘은 푹 쉬시길 ^^

두 번째 미션
- 환율의 종류를 알고 거래해보기

다음날 아침 일찍 엽기녀로부터 메일이 왔다.

홍 대리님, 어제는 잘 쉬셨어요?

이제 재미있는 환율 탐방에 한 걸음을 내디뎠군요. 축하합니다.

환율의 의미와 표시방법을 아셨으니 이제 직접 거래를 해봐야겠죠.

그러려면 용어부터 정확히 아셔야 해요. 매입환율, 매도환율 같은 거 말예요.

홍 대리님에게 드릴 두 번째 미션입니다.

환율의 종류에 대해 자세히 알아보고 실제로 거래도 해보세요.

그리고 환율노트를 만들어 틈틈이 정리해보세요.

그냥 환율공부하면서 적어가는 일기라고 생각하시고……(이건 미션은 아니지만 공

부에 도움이 될 거예요).

그럼 미션 확인은 다음 주 정모에서 소감을 발표하는 것으로 하죠.

홍대 앞 S라운지 아시죠? 저녁 여섯 시예요!

홍 대리는 엽기녀의 **매입환율/매도환율**[16]이란 말에 괜스레 얼굴이 화끈거렸다. 실은 지난해 10월, 상무님 유럽 출장 때 매입환율과 매도환율을 반대로 이해해서 잘못 말한 것을 순간적인 말실수로 얼버무린 적이 있었다.

'하지만 이제 그쯤은 안다. 매도환율은 은행의 입장에서 파는 환율, 즉 나한테는 매입환율이고 매매기준율에다 수수료 얹어 파는 것이라는 거. 그런데 환율의 종류가 매입, 매도 말고 또 뭐가 있었지? 아무튼 들을 때마다 헷갈리는 골치 아픈 환율을 공부하려면 용어부터 확실히 잡아야 하긴 해.'

엽기녀는 환율의 종류에 대해 자세히 알아보고 실제로 거래를 해보라고 했다. 이번엔 단순히 자료를 찾아 공부하는 것이 아니라 몸을 움직여 외환시장에 직접 나가야 하는 것이다.

그런데 외환거래를 해볼 수 있는 기회는 의외로 쉽게 찾아왔다. 간만에 일본출장을 떠나게 된 지선 덕분이었다.

"다음 주에 오사카 출장이에요."

"그래? 오랜만에 일본 가네. 일본서 오는 관광객들만 안내하는 줄 알았더니 우리나라에서 가는 관광객도 있나?"

"엔화를 갖고 있는 우리나라 사람들은 요새 더 살 판 났죠."

"엔화를 가지고 있다고? 왜 환전을 안 하고?"

"당신 내가 그렇게 외화예금 설명하고, 엔화표시 예금 들어두라고 할 때 뭘 들었어요?"

"그러게."

"미스 문은 보너스 받은 것까지 고스란히 엔화로 저축했다가 이번에 보니 두 배 가까이 불어 있더래요. 시집갈 밑천 톡톡히 장만했을 걸요, 아마?"

같은 여행사에서 일하는 야무진 미스 문 이야기였다. 아내보다 3년 후배인 미스 문은 일본 관광객 가이드로 일한 지 1년밖에 안 됐지만 어떻게 알았는지 엔화가 오를 것이라 생각하고 악착같이 저축했단다. 그래서 적지 않은 목돈을 손에 쥐게 되었다는 얘기를 지난번에도 했었다.

"지금이라도 가입하자, 우리도."

"지금은 안 돼요. 너무 올라서 앞으로 어떻게 될지 알 수 없단 말이에요!"

"그렇구나. 그럼 통장개설만이라도 하자."

홍 대리는 다음 날 점심 때, 지선이 근무하는 회사 부근의 외환 은행에서 만나기로 했다. 대부분의 시중 은행들이 외환을 취급하고는 있지만 외환은행이 아내가 다니는 회사의 주거래은행이어서 편하다는 장점이 있었기 때문이다.

아내가 출장비와 여행객들의 경비를 환전할 일이 있을 때 자주 들르기 때문인지 은행 여직원은 더 친절히 안내해주었다.

홍 대리 : 저…… 전광판에 환율표시가 쭉 나오는데 설명을 좀……

여직원 : 아, 기준환율, T/T매도율과 매입률, T/C매도율과 매입률, CASH매입률
과 매도율 말이죠?

홍 대리 : 네. 그런데 환율 종류가 저렇게 많은가요?

여직원 : 우선 외환시장과 은행의 대고객 고시환율에 대해서 설명을 해드려야 할
것 같네요. 원래 원/달러 시장은 은행 등 자격이 되는 금융기관들만 참
여해서 서로 달러를 사고파는 거래를 말합니다. 그런데 이렇게 거래되
는 원/달러 시장은 은행 간에 서로 매매를 하는 직접거래가 아니고 중개
사를 거쳐서 거래하죠.

홍 대리 : 중개회사라구요?

여직원 : 우리나라에는 달러의 거래를 중개하는 중개회사가 두 군데 있어요. '서
울외국환중개'라는 곳하고 '한국자금중개', 이 두 회사가 달러를 사고파
는 주문을 내고 그것이 체결되면서 거래가 되죠.
두 중개회사는 매일 거래가 끝나고 나면 그날 거래량과 환율을 평균
하여 다음날 거래기준이 될 환율을 발표하는데, 이것을 **매매기준율**
(MAR:Market Average Rate)[17]이라고 불러요. 은행에서는 이 매매기준
율을 창구를 통해 거래되는 수많은 외환거래에 기준으로 삼고요. 저기
전광판에 기준환율이라고 나오죠?

홍 대리 : 가격들이 조금씩 차이가 있는데요?

여직원 : T/T는 전신환을 말해요. 중소기업들이 창구에서 외국통화를 매입해 L/
C등을 결제할 때 적용되는 것이죠. 은행에 따라 기준 환율에 0.8~1.2%
를 더하거나 뺀 가격이 매도율과 매입률입니다. 매도율이라는건 은행이
고객에게 외화를 팔 때 적용하는 환율, 매입률은 은행이 고객으로부터
외화를 살 때 적용하는 환율이에요.

예를 들어 달러 기준환율이 1,000원, A은행의 T/T환율이 1%라고 한다면 T/T매도율은 1,010원이고 T/T매입률은 990원이 되는 거죠.

홍 대리 : 그럼 T/C매도, 매입률은 뭐죠?

여직원 : T/C는 여행자수표를 말해요. 매입률과 매도율은 T/T와 마찬가지로 적용되고 대개 T/T보다 0.2% 정도가 더 붙게 됩니다. 그리고 CASH는 잘 아시죠? 외화 현찰. 이건 다시 T/C보다 0.3% 정도가 더 붙고요. 그러니까 T/T는 1%, T/C는 1.2%, CASH는 1.5% 정도가 되겠죠. 그래서 이런 환율을 쭉 표시하는 것입니다.

홍 대리 : 아, 이제 알겠습니다. 그러니까 현찰로 사고파는 것이 제일 비싼 셈이군요?

여직원 : 그렇죠. 그런데 아까 매매기준율이 시장의 환율과 차이를 보이는 경우가 많다고 했죠? 그래서 은행에서는 시장환율이 변동을 하면 위에서 설명한 기준환율을 바꿉니다. 그러면 그 외의 환율은 기준환율에 0.8~1.5% 정도를 더하거나 빼서 만들어진 환율이기 때문에 전부 다 바뀌게 되겠죠.

홍 대리 : 저…… 환율이 계속 바뀌면 너무 복잡하겠는데요?

여직원 : 기준환율의 변경은 시장환율에 따라 계속 바뀌는데 은행에 따라 다르기는 하지만 보통 2원 이상의 시장환율의 변동이 있을 때만 바꾸고 있어요.

홍 대리 : 궁금한 것이 많았는데 이렇게 설명을 자세하게 해주셔서 잘 알게 되었네요. 고맙습니다.

홍 대리는 환율이 종류가 복잡한 것 같고 용어들도 생소해서 지레 겁부터 먹었는데 생각보다 단순했다. 그리고 가격도 합리적으로 적용되고 있다는 것을 알았다. 한편으론 관광철도 아닌데 환전하려는 사람들이 의외로 많고 외환에 대해 문의해오는 전화가 끊이지 않는 걸 보니 놀랍기도 했다. 글로벌 경제시대를 이곳 환전창구에서 또 한 번 실감했다.

드디어 홍 대리는 자신의 이름이 적힌 엔화표시 통장을 만들었다. 신분증과 함께 5만 원을 주었는데 당일 환율이 적용된 3,759.00엔이 찍힌 엔화표시 통장이었다.

그런데 출장비와 여행객들의 경비를 환전한다던 아내는 여직원과 잠시 상담을 하더니 환전은 하지 않고 나가자고 했다.

"이제 그만 가요. 은행 간 고시환율 비교도 해봐야 하고 여행경비는 액수가 커서 인터넷 환전을 하는 것이 훨씬 낫겠어요."

알고 보니 아내는 환전을 목적으로 은행에 온 것이 아니라 홍 대리를 안내해주기 위해 일부러 시간을 낸 것이었다.

"깍쟁이 같으니라고……."

말은 그렇게 했지만 새삼 아내가 고마웠다. 그리고 미안했다.

'이제 외화통장도 개설했으니 언젠가는 이 통장에서 몇 천 엔씩 출금할 날이 오게 해줄게. 기다려, 윤지선!'

그런 생각을 하니 마음이 한결 가벼워졌다. 홍 대리는 모처럼 아내와 점심을 먹고 회사로 돌아왔다. 돌아오는 발걸음이 밝고 힘찼다.

얼떨결에 1일 강사가 되다

홍대 앞에 있는 S라운지는 주로 의류나 잡화 등을 파는 쇼핑몰 5층에 있었다. 번화한 거리에 비해 쇼핑몰은 비교적 한산했다.

에스컬레이터를 타고 5층 입구에 도착하니, '〈환율아 놀자〉 정모 502호'라는 안내표지와 화살표가 붙어 있어 어렵지 않게 찾을 수 있었다. 실내에는 이미 15명 정도 되는 회원들이 도착해 서로 인사를 하고 있었다. 그들은 친한 친구 같았다. 이름이 아닌 아이디로 부르는 게 조금 낯설기도 했지만 재미있었다.

"어서 오세요. 홍대희 님이시죠?"

"아, 네…… 오늘 처음 왔는데요. 홍대희입니다."

처음 홍 대리에게 인사를 건넨 사람은 자신을 정모팀장 '배고파'라고 소개했다. 오십이 조금 넘어 보이는 뱃살 두둑한 D라인의 아저씨였다.

대각선 방향에 앉아 있던 중년 여성이 홍 대리에게 눈인사를 했다. 엽기녀였다. 생각과는 달리 엽기적인 모습은 전혀 찾아볼 수 없는 수수한 인상의 여성이었다. 홍 대리는 마음이 편안해졌다. 그녀는 조용히 일어나 앞으로 나가더니 말을 시작했다. 사회를 맡은 모양이다.

"자, 오늘 모임을 시작하기 전에 먼저 소개할 회원이 계시는데요. 우리 카페의 규정대로 첫 번째 미션을 마치신 홍대희 님, 인사해주시죠."

그리고는 홍 대리에게 손짓했다.

"안녕하십니까, 홍대희입니다. 태산전자에서 대리로 근무하고 있습니다. 이름 때문에 친구들이 어릴 때부터 홍 대리라고 불렀는데 아이디도 그냥 홍 대리라고 할게요. 이러다가 만년 대리로 머물지 않을까 걱정이 태산 같은 사나이입니다. 잘 부탁합니다."

별로 재미있는 소개도 아니었는데 '태산전자의 걱정이 태산 같은 사나이'라는 표현이 우스웠는지 박수가 크게 터져 나왔다. 처음으로 참석한 홍 대리를 위해 돌아가면서 자기소개가 끝나고 사회자가 진행을 계속했다.

"오늘 첫 발표자는 홍 대리님이시죠? 준비되셨나요?"

"예."

"자 그럼, 먼저 발표해주시지요."

홍 대리는 준비해간 파워포인트를 열고 목소리를 가다듬었다.

남 앞에서 처음 하는 발표도 아닌데 왠지 좀 긴장이 되고 떨렸다.

"부족하더라도 이해해주시기 바랍니다. 그러니까…… 환율은 매입환율과 매도환율이 동시에 고시됩니다. 매입환율이란 환율을 제시하는 은행이 외환을 사겠다는 가격이고, 매도환율은 반대로 팔겠다는 가격을 말합니다. 의외로 많은 사람들이 이걸 헷갈려하더라고요. 사실은 저도 그랬고요. 보통 매입환율은 왼쪽에 매도환율은 오른쪽에 130.00/130.50 이렇게 표시를 하죠.

두 번째, 교환되는 화폐의 기준에 따라서 두 가지 종류가 있습니다. 우선 기축통화와의 교환비율인지 아닌지에 따라 **시장환율**[18]과 **재정환율**[19]로 나뉘지요. 원화와 달러를 바꿀 때, 즉 기축통화와의 교환비율은 시장에서 직접 거래되므로 시장환율이라 하고 원화와 엔화나 파운드 같은 시장에서 거래되지 않는 환율을 재정환율이라고 합니다. 이것은 우리나라에서 원화와 달러/엔/유로/위안화의 움직임을 이해하고, 방향을 예측하는 데 중요한 개념입니다."

막상 말을 시작하니 은근히 자신감이 붙었다. 홍 대리는 자신이 예전부터 환율에 대해 많이 알고 있었던 것 같은 착각마저 들었다. 그리고선 원화와 엔화의 교환비율을 예를 들어 원/달러 시장(기준)환율이 달러당 1,000원이고, 엔/달러 기준환율이 달러당 100원일 경우 원/엔 환율은 1,000/100엔, 즉 엔당 10원이 된다는 식으로 재정환율을 설명을 해나갔다.

"환율표를 보면 각 나라 통화들은 보통 세 글자의 영문자로 표시됩니다. 달러는 USD, 엔화는 JPY, 원화는 KRW, 유로는 EUR, 영국 파운드는 GBP, 즉 Great British Pound의 약자로 보통 '케이블'이라고 부르죠. 나라마다 다 화폐표기 ISO코드가 있는데, 이건 나중에 따로 알아보기로 하고, 환율 표시방법 두 가지를 보겠습니다. 우선 자국통화 표시법과 외국통화 표시법인데요……다 잊어버리고 그냥 우리는 1달러에 얼마라는 외국통화 표시법을 쓴다는 것만 기억하시기 바랍니다."

이렇게 홍 대리는 환율의 종류를 설명해나갔다. 가장 좋은 공부는 남을 가르치는 것이란 말이 맞았다. 이제껏 어렴풋이 알고 있던 환율 종류들에 대해 발표를 하고 나니 확실히 감이 잡혔다.

그런 다음 홍 대리는 지난 주 아내와 함께 은행에서 엔화 표시 예금에 가입한 사실과 아내의 인터넷 환전을 지켜본 사실을 털어놓았다. 미스 문 얘기까지 곁들여, 진작 가입했더라면 자신도 외환으로 돈 좀 벌었을 텐데 아직은 운이 안 되는 모양이라고 너스레를 떨기도 했다.

또한 얼마 전 중국 출장비 계산 건으로 강 차장에게 호되게 당한 기억을 떠올리며 정리한 '보다 유리하게 환전할 수 있는 여러 방법'이 있다고 설명했다. 매매기준율이 은행마다 조금씩 차이가 나더라도 할인율을 잘 적용받는 게 더 유리하다는 걸 알았다면 강 차장에게 그렇게 묵묵히 당하고만 있지는 않았을 텐데 하는 생각을 하면서.

전신환(T/T)매매율, 여행자수표(T/C)매매율, 현찰(CASH)매매율 등의 고시가격이 차이가 나는 이유까지 발표를 다 끝내자 질문이 쏟아졌다.

"거래액수에 따라서도 수수료를 할인해준다는데 몇 %던가요?"

"인터넷뱅킹을 통해서 외화를 구입하거나 팔면 왜 수수료가 더 싸지요?"

"환율상승이나 하락, 그리고 강세장이나 약세장에 대한 뉴스가 나오면 너무 헷갈려요. 환율이 상승하면 엔화나 원화의 경우엔 약세인데 유로는 환율이 상승하면 강세장이잖아요?

이런 질문들은 대부분 입회한 지 얼마 되지 않은 신참회원들의 질문이었다. 일부는 홍 대리가, 일부는 홍 대리를 대신해 엽기녀가 대답해주었다. 그렇게 점점 정모토론회가 무르익어갔다.

홍 대리는 환율공부를 시작하면서 불과 며칠 사이에 자신이 조금 강해지고 단단해진 느낌이 들었다. 무엇보다도 사물함을 챙겨들고 서울시 외곽에 있는 물류센터로 지하철을 타고 떠나던 때의 절망적인 기분에서 서서히 벗어날 수 있었다. 또 날마다 들어왔다 나갔다 하는 주문량과 재고량을 관리하며 남의 옷을 입고, 다른 사람의 자리에 앉아 있는 것 같은 불편함과 피곤함을 씻을 수 있어서 다행이었다.

사회자가 다시 일어섰다.

"이제 배고파 님 차례네요."

"예! 저 배고파, 오늘은 배가 고프지 않네요. 낮에 삼겹살을 2인분이나 먹었거든요. 하하하."

"아유, 먹는 얘기 그만 좀 하시라니까요?"

"이름을 바꿀지언정 그건 못하겠습니다!"

"그럼, 배불러로 바꾸면 되겠네요. 식욕이 줄 테니까."

"하하, 그럴까요? 에, 우선 오늘 발표부터 마치고……."

아이디가 배고파인 회원은 식품가공업체 사장으로 요즘 원자재 값 상승으로 경영난에 시달리고 있다고 했다. 회원가입은 오래전에 했으나 결석이 잦아 아직도 홍 대리처럼 미션을 수행하고 있다는 것까지도 알게 되었다. 아마도 그에게 주어진 미션이 오늘 발표하는 내용인 모양이었다.

배고파가 나눠준 자료는 '환율 변동의 원인'이라는 제목으로 A4용지 1페이지 반 정도 되었다. 평범한 자료에 비하면 그는 말을 잘하는 편이었다.

"지난 한 달 만에 원/달러 환율이 130원이나 올라버렸습니다. 달러 사두었으면 이번에 대박 나셨을 텐데 혹 그런 분 안 계시나요? 그걸 누가 알았겠냐고요? 그러면 환율은 왜 변동하고 언제 변동할까요? 지금부터 그걸 알아보죠. 변동환율제도 하에서 환율은 외환의 수급에 영향을 주는 대외거래, 물가, 경제성장, 통화량 등 경제적 요인과 정치·사회적 요인 등 여러 가지 요인에 의해 변동하게 됩니다. 더 쉽게 설명해보지요.

국제수지라는 게 있습니다. 일정기간 동안 외화가 국내에 유입, 유출되는 양을 집계한 것인데 이게 환율을 좌우한단 말이죠. 국제수지에 대해서는 자료에 적혀 있으니까 집에 가서 한번 읽어보시고요. 아무튼 환율을 결정하는 그 나라 돈과 달러의 가치는 크게 경상수지와 금융수지에 의해 결정되는데요. 첫째 환율이 개인, 기업, 금융기관 등의 수출과 수입 등 외국과의 거래에 따라 외환시장에서 어느 정도의 외환을 필요로 하고, 어느 정도의 외환을 시장에다 공급하느냐에 따른 수요와 공급에 의해 좌우된다는 것은 다 아실 겁니다.

두 번째는 정책신뢰설이라는 게 있습니다. A라는 나라의 정책이 뒤죽박죽이고 예측 불가능하면 돈들이 불안해서 떠난다 그 말이에요. 그러면 환율은 오르겠지요? A와 B 두 나라의 환율이 1:1이었는데 A나라가 추가로 돈을 안 찍었어도 정책이 엉망이면 사람들이 B나라의 돈을 더 좋아하겠지요!

셋째, 화폐 인기설이 있어요. 다른 조건이 다 똑같은 상황에서 A나라에서 돈 놀이로 버는 돈에다 세금을 많이 물렸어요. 그걸 '자본이득과세'라고 하지요. 그럼, 사람들이 어떻게 할까요? 당연히 B나라로 가서 돈놀이를 하려고 하겠지요? 그럼 A나라의 돈은 인기가 없어지고, B나라의 돈이 인기가 올라갑니다.

또 경제력설을 봅시다. 세계 모든 나라 경제가 안 좋을 때는 경제력이 상대적으로 뒤떨어지는 나라의 돈이 외면을 받습니다. 달러라는 기축통화를 갖고 있는 미국은 좀 예외이긴 하죠.

다섯째, 국제외환시장에서는 나라 간의 금리 차나 환율 변동을 예상한 투기거래가 이루어져 환율 움직임을 불안정하게 하는 원인이 되기도 합니다. 이렇게 환율은 여러 가지 요인에 의해 변동하는데, 이런 요인은 환율에 반드시 한 방향으로만 작용하는 것은 아니고 같은 요인이라도 서로 다른 방향으로도 작용하기 때문에 환율은 '하느님도 잘 모른다'고 하지요.

특히, 요즘처럼 계속 오르기만 하는 환율 변동은 저도 IMF 때 보고 처음입니다. 그래프를 한번 보실까요? 2008년 3월 이후 계속 올랐다가 좀 내렸는데 다시 오르고 있지요? 앞으로 어떻게 될 것 같냐고요? 글쎄요. 하느님도 모른다는 환율 변동의 원리를 찾아내려고 우리 모두 여기에 오지 않았습니까?

이제 여러분들이 생각해보세요. 우리나라는 A나라와 B나라 중 어디에 속할까? 만약 A나라에 속한다면 앞으로 환율은 어떻게 될까요? 생각보다 골치 아픕니다. 세상에 편하게 얻어지는 것은 없다! 공짜점심은 없다 이 말입니다. 이것으로 제 발표를 마치겠습니다."

짝짝짝, 여기저기서 박수가 터져나왔다. 가만히 듣고 보니 지난번 명석이 하던 이야기를 배고파는 훨씬 쉬운 말로 풀어서 말했다. 그래서 지루하지도 않고 이해하기도 쉬웠다.

그러나 아직도 이해할 수 없는 단어들이 많았다. 다른 회원들이 부럽기만 했다. 홍 대리는 자신만 저만치 뒤에서 따라가는 느낌이 들었다. 다른 회원들은 환율 변동의 원리까지 설명하고 토론하고 있지 않은가. 이들과 보조를 맞추려면 더 분발해야겠다고 생각하니 홍 대리는 마음이 조급해졌다.

인터넷카페 〈환율아 놀자〉에서
만난 사람들

워낙 발표가 유익하고 재미있어서인지 처음 긴장했던 것과 는 달리 모임이 끝날 무렵엔 홍 대리도 한결 마음이 편해졌다. 그때 엽기녀가 호프집으로 장소로 옮겨 뒤풀이를 하자고 제 안했다.

"호프 좋지요, 그런데 난 소주가 더 좋아."

배고파가 맞장구를 쳤다.

"그럼, 배고파 형님은 따로 테이블을 잡아서 고상하게 이슬주 를 드시구요."

엑스맨이 농담을 했다.

"아냐. 괜히 나만 왕따 되는 건 싫거든."

"자자, 그럼 빨리들 자리 옮기자구요."

엽기녀가 회원들을 재촉했다.

"오늘은 누가 쏘는 거야?"

지난 모임에서는 배고파가 술 취한 김에 계산했나 보다.

"참, 형님두. 누가 쏘든 그건 나중에 생각하고. 뒤풀이에는 역시 술이 한 잔 있어야 해. 그래야 이야기가 술술 풀리죠."

"어쭈구리 엑스맨, 오늘은 제대로 한 잔 하실 것 같은데?"

첫 정모라 조금 긴장했지만 홍 대리는 오프모임에 나오기를 잘했다는 생각이 들었다. 무엇보다도 같은 목적을 가진 사람들을 만날 수 있다는 게 기뻤다.

자리를 옮긴 호프집은 건물 뒷골목에 위치했다. 일본풍의 깔끔한 인테리어가 인상적이었다. 그런데 다른 회원들은 토론회만 참석하고 자리를 떴다. 그곳에 온 회원은 운영자인 엽기녀, 배고파, 손바닥, 엑스맨 그리고, 홍 대리뿐이었다.

"다들 바쁘신 분들이라…… 많이들 가셨어요."

운영자인 엽기적인 그녀가 괜히 미안한지 홍 대리 눈치를 보며 말했다.

"아, 조촐하고 더 좋습니다."

"목마른 사람이 우물 판다고 우리가 가장 절박한 중생들인 모양이지요."

엑스맨이 거들고 나섰다. 그는 증권회사 영업자답게 서글서글한 인상과 말투가 몸에 배어 있었다. 엑스맨은 알고 보니 야간에는 학원을 다니며 외환관리사 자격증을 따 은행외환팀으로 전업을 준비 중인 성실남이었다.

"배고파 님, 원자재 가격이 올라 가공업이 좀 힘들다면서요?"

손바닥이 걱정스런 표정으로 배고파의 근황을 물었다. 그녀는 주식투자로 큰 손해를 본 만큼 어려움을 겪고 있는 사람을 보면 남의 일 같지 않다고 했다. 주식에서 손해 본 원금을 회복하기 위해 외환공부를 시작한 그녀는 아이들 둘을 호주로 유학 보내고 자신도 이민을 꿈꾸고 있는 미망인이다.

"좀이 아니라 많이 힘들죠. 사실 모두가 죽겠다고 아우성이지만 수출을 많이 하는 대기업들은 실은 속으로 쾌재를 부르고 있어요. 죽어나는 건 우리 같은 중소기업들이지. 원료는 수입하고 제품은 대부분 내수용이다 보니 판매가를 그대로 내수에 반영도 못하고, 팔면 팔수록 손해라니까요."

중소 식품가공업체를 운영하는 배고파는 요즘 스트레스 때문에 폭식으로 체중이 점점 불어나서 걱정거리가 또 하나 생겼다고 투덜거렸다.

"그렇겠어요. 참, 손바닥 님은 최근에 수익 좀 내셨어요?"

"아휴, 말도 마세요. 부동산 하던 시절이 그립기만 합니다. 이건 들어가면 떨어지고, 빠져나오면 이내 치솟고…… 요새는 잠시 손을 놓고 있어요."

"아니 주식 말고요. FX트레이딩[20]도 하신다고 들은 것 같은데?"

"국내 원/달러 환율도 헤매는데 해외통화를 어떻게 거래합니까?"

"한국의 **와타나베 부인**[21]…… 우리 엽기 누님 여기 계시네요."

"그래, 나 와타나베 부인처럼 돈 좀 벌어 볼란다. 손바닥 님도 주식으로 잃은 거 회복하려면 더 열공해야 할 걸요?"

엽기녀가 엄지와 검지를 오므려 동전 모양을 만들며 말했다.

"그래서 이렇게 열심히, 쫓아다니고 있잖아요?"

"그나저나 소장님이 우리 어린 백성들을 더 어여삐 여기셔야 하는데…… 자, 일단 모두 한 잔씩들 쭉 하시지요?"

엑스맨이 잔을 높이 치켜들며 건배를 제안했다. 분위기 탓인지 평소 잘 마시지 않던 맥주를 오늘은 벌써 반 넘게 비운 손바닥이 다시 말을 이었다.

"소장님이 우릴 대신해 돈을 벌어줄 수는 없잖아요?"

"말을 강가에 끌고 갈 수는 있으나, 물을 먹일 수는 없다?"

"그렇죠. 그 분은 방향을 가르쳐주는 것뿐이고, 우리는 그 방향을 따라가다 보면…….'

"아 글쎄, 그게 어느 방향이냐 그 말이죠."

"형님 저는 딱 감이 오는데요."

"뭐? 들은 거라도 있어?"

"아뇨, 그냥 아무튼 가장 기본이 되는 환율지식을 갖춰야 주식이든, 부동산이든, 외환투자든 할 수 있지 않을까요? 문제는 너무

성급하게 열매만을 따려는 데 있는 거 같아요."

"역시 엑스맨은 똑소리가 난다니까."

엽기녀가 카페의 분위기 메이커로 항상 즐거운 분위기를 만드는 엑스맨을 추켜세워주었다.

"하하. 누님도…… 똑소리 나려면 아직 멀었어요. 언젠가는 나겠지만……."

"참, 외환관리사 시험은 어떻게 됐어?"

"이번엔 떨어졌어요. 6개월 더 공부해야지요."

홍 대리는 외환관리사 자격증이 요즘 금융권 종사자들에게 인기라는 이야기를 이 자리에서 처음 들었다. 앞으로 국내 외환시장에서 외환거래를 하고 자산운용을 담당할 전문가가 많이 필요해질 거라는 것이다.

금융시장개방과 외환자유화로 기업의 환 리스크[22] 관리가 절실해 현재 기업과 금융기관에는 외환관리 전문가가 많이 부족하기 때문에 외환관리사 자격증을 갖고 있으면 전문 인력으로 대접이 달라진단다. 증권사 영업맨으로 근무하는 엑스맨은 이걸 목표로 하고 있다.

"그나저나 제일 죽어나는 건 이렇게 돈 가치가 떨어졌을 때 두 놈이나 외국에 보내놓은 나 같은 사람이죠. 앞으로 어떻게 될지 걱정이에요."

"환율이 상승할 땐 수출기업들이 살판나는데 우리 회사는 그것도 안 통하네요. 원료비가 오르고 내수가 죽어버리니까 더 힘들어진다니까요?"

"정부의 어정쩡한 외환시장 개입이 환율상승을 부추기고 있는 것만은 확실해요. 경기침체에 따른 위험자산 선호가 증권시장에서 외국 투자가들을 겁먹고 빠져나가게 하고 그 과정에서 달러 수요가 증가해 다시 환율상승을 부추기는 거고요."

엽기녀의 정세 진단과 함께 이야기는 밤을 새도 끝이 날 것 같지 않았다. 홍 대리에게는 첫 모임이었지만 그동안 환율 때문에 고생한 동병상련이 있어서인지 이들이 왠지 친근하게 느껴졌고 돈이 있으면 있는 대로, 없으면 없는 대로 모두들 같은 고민을 안고 한 길을 가는 동지들로 보였다.

"자, 오늘은 이만 마지막 잔을 듭시다."

"오늘 처음 오신 걱정이 태산 같은 홍 대리님을 위하여!"

"우리 모두 환율정복할 그날을 위하여!"

"위하여!!"

환율은 왜 변동할까?

이튿날. 퇴근 후 홍 대리는 피곤했지만 어제 첫 오프모임이 헛되지 않도록 배고파의 발표내용을 정리해두어야겠다고 생각했다. 헤어지기 전 엽기녀가 다가와 귀띔해준 말도 되새겨보았다.

"홍 대리님, 오늘 들은 배고파 님의 강의내용을 한번 잘 정리해보세요. 환율 변동 원리를 알게 되면 제법 수준이 올라가거든요. 파이팅!"

그런데 배고파의 환율 변동의 원리를 정리하다보니 발표내용 중에 미심쩍은 부분이 있었다. 환율이 국제수지에 의해 움직인다는 설명은 적어도 미국의 경우에만은 맞지 않는 것 같았다. 미국은 지속적으로 경상수지 적자를 보고 있고, 일본은 매년 경상수지 흑자임에도 달러강세가 지속되고 있지 않은가.

집에 돌아오자마자 컴퓨터부터 켜는 홍 대리를 아내가 걱정스런 눈으로 바라보았다.

"당신, 괜찮아?"

"뭐가?"

"아니 요새 툭하면 밤늦게까지 컴퓨터 붙잡고 있잖아? 어제도 카페 모임 가서 늦게 오고…… 너무 무리하는 것 같아 그러지."

"글쎄, 그렇게 되네."

"아무튼 열심히 해보세요. 너무 무리하진 말구…… 나는 먼저 자요."

"고마워, 아니 미안해. 곧 끝내고 들어갈게."

홍 대리는 배고파의 자료를 토대로 환율 변동 원리를 살펴보기 시작했다.

'환율 변동은 변동환율제도 하에서 겪을 수밖에 없는 필연적인 일이고, 외환수급에 영향을 주는 대외거래, 물가, 경제성장, 통화량 등 경제적 요인과 정치 사회적 요인 등이 주요원인이다 이거지. 그런데 왜 환율 변동 때문에 나라가 쓰러질 만큼 위기가 올까? 내가 모르는 변수들이 있는 게 아닐까?'

여기까지 생각이 미치자 이걸 혼자서 다 풀어내기엔 본인이 가진 지식이 너무 짧다는 생각이 들었다. 이 고민을 풀어줄 사람은 명석밖에 없었다. 홍 대리는 명석에게 전화해서 도움을 청했다. 하루빨리 환율을 마스터해야만 태산전자 살리기 제안서 공모에도 참여할 수 있고, 바닥까지 떨어진 자존심을 되찾을 수 있다는 생각에 마음이 급해졌다.

"야, 너 내가 아는 홍대희 맞냐? 밤 10시에 전화 걸어 다짜고짜 공부 가르쳐 달라니?"

"명석아, 좀 부탁하자. 똑똑한 친구 뒀다 뭐 하냐? 잘 풀리면 내가 이 원수는 반드시 갚는다!"

"짜식, 급하긴 급했나 보네. 환율 변동의 원리라…… 알았어. 정리해서 보내줄게."

다음날 아침, 홍 대리는 다른 날보다 조금 일찍 출근했다. 기대했던 대로 명석으로부터 한 통의 메일이 날아와 있었다.

대희, 너 요즘 카페 활동 열심히 한다고 엽기녀 누님이 그러대.
천하의 홍대희가 공부를 다 하고 대체 무슨 일이라냐? ㅎㅎㅎ
암튼 네가 말한 환율 변동의 원리는 깊이 들어가면 아주 복잡하고 까다롭지만 '천칭'을 생각해보면 의외로 쉽게 풀 수도 있을 것 같다.
알지? 양쪽에 접시 같은 것이 달려 있고 한쪽 접시에 추를 놓아 다른 한쪽 물건의 무게를 다는 저울, 천칭 말야.
이게 저울 중에서도 정밀도가 가장 높은데 정밀천칭은 0.01g까지 무게를 측정할 수 있지. 그리스 신화에서 천칭자리는 법과 정의를 관장하는 아스트라이아가 지니고 있는 저울을 상징하기도 해.

메일을 읽던 홍 대리는 법원 앞에 서 있는 여인 동상이 생각났다.

'아하, 법과 정의를 관장하는 아스트라이아가 지니고 있는 저울이라······ 그래서 법원 앞에 천칭을 든 여인이 서 있는 거로군. 그런데 우리나라의 법이 정말 정의를 0.01g까지 세밀하게 구별해내고 있을까?'

홍 대리는 메일을 다시 읽어 내려갔다.

재미있는 것은 외환을 연구하는 한국외환협회 역시 협회의 IC로 천칭을 상징하는 로고를 사용하고 있다는 거야.

왜겠어? 국제 간에 환율이라는 화폐의 저울 측정으로 국제외환교류 활성화와 경제 정의를 추구하겠다는 거지.

천칭을 떠올려보면 환율을 이해하기가 좀 더 쉬워질 거야.

전에 기사 쓰면서 정리해둔 '환율 변동 원리'에 관한 자료도 함께 보낸다.

  1. 환율은 기본적으로 대외거래 결과에 따라 변동
  환율은 개인, 기업, 금융기관 등의 외환시장 참가자들이 수출과 수입 등 외국과 거래하면서 외환시장에서 어느 정도의 외환을 필요로 하고, 또 어느 정도의 외환을 시장에 공급하느냐에 따라 그 수준이 결정된다. 외국과의 거래 결과 달러의 공급이 수요보다 많으면 달러 가치가 하락하고 원화의 가치는 상승하여 환율하락으로 나타나며, 반대로 달러에 대한 수요가 공급보다 많으면 달러가 상승하고 원화 가치는 하락하여 환율이 상승하게 된다.

2. 경제적 요인

이자율 : 이자율의 상승은 단기자금의 유입을 초래하므로 단기적으로 해당통화의 즉각적인 강세 요인이 된다. 예를들어 우리나라의 금리수준이 외국보다 높으면 높은 이자수익을 얻기 위해 외국투자자들이 우리나라 은행에 예금을 하거나 채권을 사려고 할 것이므로 외국 돈의 공급이 늘어나 환율이 하락하게 된다.

통화량 : 돈의 양이 증가하면 우리나라 돈의 가치가 하락하여 환율이 상승하게 된다. 다만 경상수지 흑자 및 외국인 투자자금 유입으로 달러공급이 수반되면서 원화 통화량이 증가하면 우리나라의 통화가치가 상승하는 경향이 있다.

인플레이션 : 상대적으로 높은 인플레율은 그 나라 통화의 약세요인이 된다.

경제성장률 : 경제성장률이 다른 나라보다 높으면 그 나라 경제에 대한 신뢰도가 높아지고 투자수익률이 높을 것이라는 예상으로 외국인의 투자가 늘어나 외환시장에 외국돈이 많아짐으로써 환율을 하락시키는 요인이 된다.

3. 정치적 요인

일반적으로 정치가 안정된 나라의 돈은 상대적으로 가치가 올라가는 반면 정치가 불안정한 나라의 돈은 가치가 떨어지는 경향이 있다. 뿐만 아니라 국가 간 분쟁 등으로 국제정세가 불안할 때에는 안전성이 높은 달러의 가치가 상승한다.

4. 기술적 요인
환율은 환율의 움직임 자체에 따라 어떤 추세를 형성하면서 변화하는데, 이는 꼭 경제적, 정치적 원인 때문이 아니라도 기술적 요인에 의하여 변동한다. 투자가들은 이런 기술적 요인을 분석하여 환율의 등락을 예측하는 여러 기법들을 개발해왔고 실제 투자에 적극 활용하기도 한다.

5. 중앙은행의 정책
환율의 급격한 변동으로부터 자국통화를 보호하기 위하여 중앙은행들이 시장에 직접 개입하거나 금융통제 수단으로 지준율, 할인율 등의 정책을 사용해 조작하려고 하는데, 은행의 시장 개입 시 환율은 단기적으로 강력한 힘을 발휘하기도 한다.

6. 시장 참가자들의 예측과 기대
국제 외환시장에서는 나라 간의 금리 차나 환율 변동을 예상한 투기거래가 이루어져 환율 움직임을 불안정하게 하는 원인이 되기도 한다. 시장참가자들은 환율에 영향을 미치는 각종 경제지표 등을 미리 예측하여 거래를 하는데, 이때 권위 있는

이코노미스트들의 말 한 마디나 예측은 환율 변동에 중대한
영향을 끼친다.

'그래, 이거였어! 역시 현명석이야.'

현 기자가 보내준 자료를 읽으며 홍 대리는 요즘 중국이 위안
화를 무기로 환율전쟁을 부추기고 있다고 미국이 비난의 목소리
를 높이고 있는 이유를 대략 이해할 수 있을 것 같았다. 배고파의
자료에서 눈에 확 띄게 들어오지 않던 부분이 바로 환율 변동 원
리 속에 들어있는 환율상승과 하락의 정밀한 메커니즘에 있었다
는 걸 깨달았다. 홍 대리는 이를 저울의 원리를 이용해 그림으로
그려보았다. 저울을 그려보니 훨씬 이해하기가 쉬웠다.

메일을 다 읽은 홍 대리는 바로 명석에게 전화했다.

"명석아, 고맙다."

"고맙긴…… 좀 도움이 됐냐?"

"당근! 너 오늘 퇴근하고 저녁에 시간 어때, 이 형님이 술 한
잔 사마."

"조오치! 마침 마감도 했으니까 타이밍도 좋고. 야, 근데……
요즘 소희는 어떻게 지내냐?"

"갑자기 소희는 왜?"

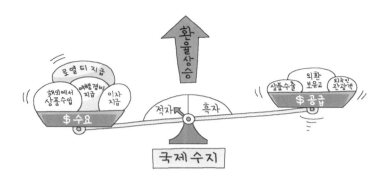

"그냥…… 궁금해서 한번 물어봤어. 그럼, 저녁에 보자."

"짜식, 싱겁긴……."

홍 대리는 전화를 끊으며 빙그레 미소 지었다.

'명석이 녀석, 아직도 소희를 마음에 두고 있나 보네.'

"오늘은 내가 쏠게. 실컷 마셔."

"야~ 그거 반가운 소리다."

"너 덕분에 공부 많이 하고 있다 요즘."

홍 대리는 좋은 카페를 소개시켜줘서 고맙다고 인사했다. 그 덕분에 회사에서 받은 충격을 잊어가고 있는 중이라고 솔직히 말했다.

"명석아, 네 도움이 필요해."

전에 없이 홍 대리의 표정이 사뭇 진지해졌다.

"공부 많이 했다며 아직도 내 도움이 필요해?"

"환율 변동의 원리는 이제 대강 알겠는데 엽기녀 누님이 카페 특별회원이 되려면 환율 변동이 국가나 기업에 미치는 영향까지 알아보라더군. 난 책 읽는 것보다 네 기사가 훨씬 현실감 있어서 이해가 쉽거든!"

명석은 놀라는 눈치였다.

"짜식 꽤나 거창한데? 하지만 그거 역시 원칙 같은 거야!"

"그러지 말고 이해하기 쉽게 좀 설명해봐."

"원/달러의 경우 환율이 상승하면 국제수지가 개선된다는 것

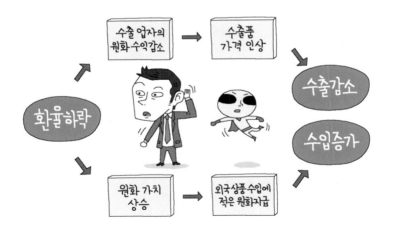

은 알겠지?"

"글쎄?"

홍 대리는 고개를 갸웃거렸다.

"환율이 상승하면 수출업자는 수출의 대가를 같은 금액의 외국 돈으로 받더라도 원화로는 더 많은 돈을 받게 되니까 수출품을 보다 싼 가격에 팔 수 있게 돼. 수출량을 늘일 수 있기 때문이지. 또 수입업자는 환율이 상승하면 더 많은 원화를 지급해야 해. 수입을 줄일 거니까. 또 환율이 상승하면 국내물가 수준을 높이게 되는 결과를 가져오는 거야."

"아, 원자재와 부품을 수입하는 데 많은 원화를 써야 하기 때문이구나."

명석의 말에 홍 대리가 고개를 끄떡였다.

"바로 그거야. 반대로 환율이 내리면 수입품 가격이 싸지니까 국내 물가를 낮추게 된다고!"

"환율이 내리면 물가도 낮아진다…… 기억해둬야겠군."

"우리나라와 같이 수입의존도가 높은 나라는 환율 변동이 물가에 미치는 영향이 엄청 크다고 할 수 있어."

"잘 알겠어, 네가 설명하니 참 쉽게 이해된다야."

홍 대리가 환하게 웃으며 명석을 바라보았다.

"또 환율은 대외채권, 채무에도 영향을 주지."

"우리나라 사람이 해외에서 외국 돈을 빌렸을 때 환율이 상승하면 더 많은 원화를 주고 외국 돈을 사서 갚아야 하니까 그만큼 빚 갚는 데 부담이 늘어난다는 말이지?"

이번에는 홍 대리도 아는 체를 했다.

"맞았어. 반면에 환율이 하락하면 그만큼 적은 돈의 원화로 외국 돈을 사서 갚을 수 있게 되기 때문에 갚는 부담이 줄어들고."

"결국 환율은 어떤 입장에 있느냐에 따라 손해도 되고 이익도 되는구나!"

궁금증이 풀린 홍 대리의 얼굴이 아까보다 훨씬 밝아졌다.

"이제 감을 팍팍 잡는군. 홍대희, 벌써 경제 전문가 다 됐네!"

"농담도…… 그런데 말야. 명석아, 우리 회사가 키코 계약을 안 했다면 요즘 같은 때 잘나갔을까?"

"그건 알 수 없지. 환율상승이 수출 증가를 매개로 긍정적인 결과로 이어지려면 한 가지 가정이 필요하지. 원화 환율급등은 수출기업의 가격경쟁력 제고보다는 금융시장의 불안정성을 반영하기 때문에 주가가 하락하게 돼. 내수기업들이 어려워지는 것은 물론 사회 전반적으로 침체가 오는 거야."

"그러면 결국 물가만 오르고……."

"야, 오늘 진도 너무 나갔어. 짜식, 술 한 잔으로 내 거 다 빼먹으려고 하네. 그것까지 알면 경제공부 다 끝나는 거야 인마."

"그러냐? 하하하. 오늘은 그만하고 술 마시자. 현명석 기자의 앞날을 위하여!"

"홍 대리의 본사 복귀와 승진을 위하여!"

홍 대리는 오늘 환율이론에 한 걸음 더 깊게 다가선 것 같아 흐뭇했다. 그리고 '태산전자', '위기돌파' 등 계속 머리를 맴돌고 있는 단어들에 한 줄기 빛이 보이는 것 같았다.

3장

환율 변동 원리를 알면 경제가 내 손 안에

환율의 '흐름을 아는' 그 사람

홍 대리가 명석을 만나 환율 변동의 영향에 대해 이야기를 하고, 제안서에 대한 구상을 시작한 지 일주일이 지난 후 엽기녀로부터 메일이 왔다.

지금까지 아주 잘 하고 있어요.

현 기자와의 대화가 유익하였다니 앞으로 자주 만나 경제뉴스를 중심으로 더 실

제적인 환율지식에 접근해보시기 바랍니다.

환율이 미치는 영향은 꼭 교과서대로만 되는 건 아니니까요.

카페에 유명환 소장의 특별회원 대상 특강이 공지되어 있어요.

이번에는 유 소장님의 특강에 참석하여 강의를 듣고 직접 한 수 배워보세요.

그럼 홍 대리님, 다시 한 번 파이팅!

유명환 소장의 특강이 열리는 홍대 앞 S라운지 주변은 여전히

북적거렸다. 사상 최고의 실업률이니, 경제난이니 하는 말이 무색할 정도로 이 거리엔 많은 젊은이들이 활보하고 있었다. 어쨌든 활기찬 젊은이들을 보니 홍 대리도 기분이 좋아져서 힘차게 건물 안으로 들어갔다.

유명환 소장은 홍 대리가 〈환율아 놀자〉 카페에 가입한 후 제일 만나고 싶었던 사람이다. 그가 쓴 글을 읽으려고 카페 메뉴를 몇 번이나 클릭했으나 열리지가 않아 답답했던 일이 엊그제 같은데 벌써 특별회원이 되어 직접 강연을 듣게 된 것이다.

특강 장소는 빈 좌석이 거의 보이지 않을 정도로 꽉 차 있었다. 기왕이면 홍 대리는 강의를 경청하고 싶어서 맨 앞자리에 자리 잡았다. 가벼운 설렘이 기분 좋았다.

"오늘은 환율상승이 우리 생활에 미치는 영향에 대해서 좀 색다른 이야기를 해보겠습니다. 여러분은 환율이 올라가면 우리에게 어떤 일들이 일어난다고 생각하십니까?"

여기저기서 웅성거리는 소리가 들렸다.

"IMF가 다시 옵니다!"

"기러기 아빠들이 울어요."

"주식은 내리고 수출이 늘어납니다!"

누군가 뒤에서 빠르게 대답했다. 유 소장이 웃으며 계속 말했다.

"네, 그렇습니다만. 특히 경제 교과서에서는 환율이 상승하면 수출이 증가하고, 교역조건이 개선되는 것으로 기술하고 있습니다. ○○○ 기획재정부 장관도 취임 이후 환율상승이 수출에 긍정적인 영향을 미칠 수 있다는 논리로 환율상승을 유도한 바 있지요. 그러나 현실은 환율이 상승하더라도 수출이 증가하지 않고 교역조건도 개선되지 않을 수 있다는 걸 보여주고 있습니다."

교과서를 완전히 뒤집는 이론이었다.

"2008년 3월 이후의 수출입 동향을 보면 환율상승에도 불구하고 수출증가율은 지난해보다 둔화되고 있는 반면, 수입증가율은 지난해보다 큰 폭으로 올라가고 있어요. 환율상승 원인이 국제유가 등 원자재 가격의 상승에 있는 만큼 환율이 상승하더라도 수출단가를 낮추기 어렵고, 수출시장환경 역시 높은 물가상승 등으로 실질소득이 감소합니다. 그 이유는 수출단가를 낮춰도 한국산 제품에 대한 소비를 늘릴 수 없게 되었기 때문입니다."

유 소장은 지난해 3월 이후 원/달러 환율이 940원대에서 1,040원까지 약 11% 상승했지만 수출증가율보다는 수입증가율이 높고 무역수지는 계속해서 적자를 이어가고 있으며, 이는 환율이 상승하더라도 수출이 늘지 않는다는 것을 말해주고 있다는 말도 덧붙였다.

명석과는 환율이 상승하면 수출업자가 이익을 보기 때문에 국가경제에 긍정적인 영향을 미친다는 얘기를 나눴는데, 오늘은 전혀 다른 이야기를 듣고 있는 것이다. 홍 대리는 질문을 해볼까 생각했으나 확실하게 질문을 정리할 수가 없어서 그냥 참았다.

유명환 소장은 또 우리나라는 수출을 주도하는 산업들 대부분이 해외에서 원자재를 수입해 가공 후 수출하는 구조이므로 환율상승은 제품 원가상승을 수반하기 때문에 수출증대로 이어지기 어렵다고도 했다. 수입단가와 수출단가를 비교해 마진폭이 커야 수출단가를 인하할 수 있는데 원자재 가격의 상승으로 오히려 수출단가를 올려야 하는 상황이라며 환율상승이 수출증가를 가져온다는 가설은 세계 모든 나라에 다 통용되는 것은 아니고 적어도 지금의 우리나라 경제 환경을 설명하지 못하고 있다는 것이었다.

"경제 정책가들이나 전문가라고 하는 사람들이 왜 환율 변동을 예측하지 못해 가끔 거꾸로 가는 정책을 세우는지 아십니까? 바로 교과서만 가지고 일하기 때문이에요. 한국의 특수한 상황을 이해하고 우리에게 유리한 환율 변동인지, 불리한 환율 변동인지부터 구별해야 실패하지 않는 환율정책이 나올 수 있습니다."

여기까지 강의한 유 소장은 자료 한 장을 나누어주었다.

환율상승, 우리 경제에 유리한가, 불리한가?

환율상승이 유리한지, 불리한지 판단하기 위해서는 수출과 수입만 가지고 이야기할 수 없다. 환율이 상승하면 물가가 상승하고, 가계의 실질소득이 감소하기 때문에 이에 따른 부작용도 있다. 환율상승으로 내수경기가 더욱 침체될 수 있으므로 수출에 다소 유리하다 하더라도 국민경제 전체를 놓고 볼 때는 호재라고 볼 수 없는 것이다.

무역수지만 놓고 보더라도 수출과 수입의 환율 탄력성이 1보다 적으면 효과가 없다. 환율이 상승하면 수입은 감소하고, 수출은 증가해야 환율상승이 무역수지 개선에 도움이 되는데 탄력성이 1보다 적으면 환율상승에 따른 부작용이 크기 때문이다. 환율결정 원리를 설명하고 있는 본인의 저서 《지금 당장 환율공부 시작하라》는 책은 '환율상승 요인이 주가지수 하락 요인이다'라고 기술하고 있다. 이는 상장기업들이 무역을 통해 손해를 보고 외국인 투자자들이 한국을 이탈하면 환율이 상승하기 때문에 환율상승은 우리경제에 불리하다는 것을 의미한다. 따라서 우리는 우리에게 유리한 환율상승인지, 불리한 환율상승인지를 구별하여 적절히 시장에 대응할 필요가 있다.

참고로 한국경제에 유리한 환율상승의 조건은 다음과 같다.

1. 미국경제 호황으로 인한 환율상승이어야 한다.

2. 한국기업과 수출시장에서 경쟁하는 일본의 엔화 가치가 동시에 하락하지 않는 시기가 좋다.
3. 물가가 더불어 오르지 않을 정도여야 한다.
4. 원자재 가격 상승에 따른 환율상승이 아니어야 한다.
5. 수출업체들이 환율하락을 예상하고 선물 환 매도나 환율파생상품 거래를 하지 않는 상황이어야 한다.
6. 금융시장이 경색되지 않을 정도로 완만한 환율상승이 좋다.
7. 정부가 환율안정을 위해서 시장에 개입하지 않는 것이 좋다.
8. 경상수지 적자를 초래해서는 안 된다.
9. 부동산시장에 거품이 없을 때가 좋다.
10. 환율상승이 시장금리와 대출금리 상승을 가져오지 않아야 한다.

　　그리고는 지금 우리나라 경제상황이 위의 조건에 몇 개나 해당되는지 체크해보자고 했다. 해당하는 개수가 많을수록 수출기업이 호황을 누리고 주식시장이 상승곡선을 탈 가능성이 크다는 것이다. 그건 해당 개수가 적을수록 경제 상황이 더 어려워진다는 신호이며, 재테크시장에 광풍이 몰아칠 가능성이 높다는 것이기도 하다고 덧붙였다.

　　"우리에게 불리한 환율상승이 확실하네요."

벌써 체크를 다 했는지 뒤에서 누군가 대답을 했다. 이어서 그럼, 주식을 팔아야 하느냐고 누군가 물었다.

유 소장은 대답을 미룬 채 환율예측이 어려워진 이유로 국제적인 '급격한 자본이동(capital mobility)과 환율 변동성의 증가'를 들었다.

1971년 브레튼우즈 체제[23]가 붕괴된 이후 이미 백여 건의 외환위기가 발생했음에도 미국의 강력한 정치, 경제, 군사적 헤게모니로 불안정한 '달러체제'를 유지하고 있다는 것, 여기에 2조 달러에 육박하는 외환보유고를 갖춘 중국과 같은 경쟁상대가 등장해 새로운 경제질서를 요구하고 있고, 이런 불확실성이 높아진 환경 속에서 우리의 경우 수출의존도가 높고, 수출시장의 핵심인 중국과 직접적인 경쟁관계에 있어 다른 나라에 비해 특히 환율 변동폭이 커질 수밖에 없다는 것이었다.

교과서에 나오는 경제상식이 실제 시장에서는 다른 양상으로 나타나기도 하고, 또 환율의 변화는 우리나라 내부의 사정만 가지고 결정되는 것이 아니었다. 홍 대리는 자신의 지식이 아직도 초보단계에 머물러 있다고 느꼈다. 그리고 이제 책만 읽는다고 환율을 잘 알 수 있을 것 같지 않았다.

"소장님~예, 질문 하나 해도 되겠어예?"

경상도 말투를 쓰는 50대 여성이었다. 그녀는 유 소장이 IMF 외환위기를 예언했다는 소문이 있던데 사실이냐고 엉뚱한 질문을 던졌다.

유 소장은 빙그레 웃으며 사실이 아니라고 했다. 설사 알았다 하더라도 당시에 아무런 역할을 할 수 없었다면 이제 와서 누구도 그런 말을 해서는 안 된다는 것이었다. 유 소장은 다만 IMF의 통계에 의하면 외환위기를 경험한 국가가 90여 개국에 이르고 한 번 외환위기를 경험한 국가 중 재발하는 나라도 90%에 이르고 있어 항상 경계심을 늦춰서는 안 된다고 말했다.

"자, 그럼 오늘은 이것으로 마치겠습니다. 나중에라도 질문이 있으신 분은 제가 운영하는 〈환율아 놀자〉 카페에 들러 게시판에 글을 남겨주시면 댓글로 답변해드리겠습니다. 감사합니다."

"짝짝짝!"

유명환 소장은 강의가 끝난 후에도 돌아가지 않고 홍 대리가 처음 본 어떤 나이가 지긋한 회원과 이야기를 나누고 있었다. 아마도 개인적인 문제로 상담을 하는 모양이었다. 간간히 그의 어깨를 토닥여주는 것을 보니 최근 투자에 실패한 사람을 위로해주는 것 같았다.

홍 대리는 유 소장에게 인사도 하고 얘기도 하고 싶은 마음에 먼발치에서 유 소장을 기다렸다.

우물 안 개구리

　곧이어 뒤풀이가 이어졌다. 사람들은 진지하게 유 소장이 던지는 한마디 한마디에 귀를 기울였다. 유명환 소장도 회원들의 경청이 즐거운 듯 공개특강에서와는 달리 말을 아끼지 않았다. 국내 부동산과 주식은 물론 국제 유가나 금값, 심지어는 쌀이나 옥수수 같은 것도 요즘은 개인들이 투자를 할 수 있다며 환율 변동 원리를 알면 날씨만 보고도 투자의 흐름을 읽어 돈을 벌 수 있다고 말했다. 뒤풀이 분위기는 그 어느 때보다 고조되었다.

　또 중국의 환율제도나 추이를 살펴 중국의 주식시장에 참여하는 것도 환율을 이해하는 데 좋은 공부가 될 것이라고 했다.

　"중국의 GDP(국내 총생산) 규모는 2008년 기준으로 4조 4천 달러가 넘어요. 2001년 1조 3천억 정도에서 7년 동안 약 3.4배 규모로 성장한 것이죠. 같은 기간 한국의 GDP 규모가 약 1.8배

증가한 것에 비하면 대단한 일이에요."

"2050년이면 중국이 미국을 제치고 세계 1위의 경제대국이 된 다잖아요."

유 소장 맞은편에 앉아 있던 배고파가 맞장구를 쳤다.

"엊그제 중국의 외환보유고가 2조 2천억 달러를 넘어섰다는 발표를 보았는데 이게 우리 경제나 미국에는 어떤 영향을 미칠 까요?"

유 소장의 말을 경청하고 있던 엑스맨이 기회를 놓치지 않고 물었다.

"중장기적으로 달러 가치의 하락에 따른 원자재 가격 상승은 물론, 원자재 수요증가에 따른 원자재 가격 상승이 또 외환시장 에 영향을 미치겠죠. 지금까지 선진국이 자본주의 질서를 유지 할 수 있었던 것은 기술의 부가가치 창출능력에 있었지만, 기술 격차가 좁혀지면 대부분의 기술은 평범한 기술로 전락하고 맙니 다. 결과적으로 생산원가가 높은 선진국 기업들의 영업이익은 감 소하고, 생산원가가 낮은 개도국 기업의 영업이익이 증가하한다 면 투자자 입장에서는 중국과 같은 원자재 부국에 투자를 늘리 는 것이 시세차익과 함께 환차익도 기대할 수 있다고 봐야죠."

"그럼 중국 주식을 사야 한다는 말인가요?"

이어지는 손바닥의 질문에 엽기녀가 머리를 가로저으며 말했 다.

"손바닥 님, 또 우물 안 개구리 같은 말씀 하시네. 지금 중국정부가 과하게 풀린 시중자금을 회수할 기미를 보이면서 잘나가던 증시에 급브레이크가 걸렸어요. 하지만 최근 중국 증시의 하락세가 단순히 쉬어가는 차원인지, 본격적인 조정인지는 더 살펴봐야지요."

이야기는 계속 이어졌다. 키코 음모론도 등장했다. 이 문제에 대해선 홍 대리도 잠자코 있을 수 없었다.

"소장님, 근데 왜 지난해에 키코 계약이 갑자기 급증하게 되었나요?"

"아, 홍 대리님이라고 했죠? 홍 대리님은 키코가 처음부터 환율상승을 예상하고 설계된 금융상품이란 것을 아세요?"

"비슷한 이야기를 듣긴 했는데 설마 그러려고요?"

"순진하신 분이군요. 키코는 환율 변동폭을 상단과 하단으로 구분해 환율이 하단 이하로 하락하면 계약이 종료(knock out)되고, 박스권 안에서 변동(knock in)되면 고객은 환율보다 높은 수준에서 보유하고 있는 달러를 매도할 수 있어요. 하지만 환율이 박스권 상단을 벗어나면 시장환율보다 더 낮은 환율 수준에서 약정한 외화금액의 2배를 팔아야 하는 구조로 되어 있지요?"

"그렇죠."

"이건 뭘 말하느냐면, 즉 환율이 미리 설정한 박스권 이상으로 상승하면 키코 거래 고객이 피해를 입고, 환율이 미리 설정된

박스권 내에서 움직이면 키코를 설계한 자가 피해를 입게 되는 구조라는 것이에요. 키코를 설계한 금융회사가 바보가 아니라면 손해되는 설계를 하겠어요, 이익되는 설계를 하겠어요?"

"그렇지만 환율 변동은 아무도 모르는……."

"키코나 키코와 비슷한 환율 파생상품은 설계자가 미리 환율 상승(박스권 상단 이탈)을 전제로 설계한 파생상품일 가능성이 높아요. 그걸 알아야죠."

유 소장 말에 의하면 금융 파생상품은 대부분 외국계 금융회사가 만들어 파는데, 한국 금융회사들이 외환전문가도 고용하지 않고 영업한다는 사실을 알고서, 다시 말하면 한국의 외환딜러나 수출업자의 무능함을 이용한 금융상품이라는 것이다.

사실, 그동안 중소 수출기업들이 환 헤지를 하는 경우는 그리 많지 않았다고 한다. 선물 환을 이용하는 것이 보통이었다. 그런데 선물 환보다 수수료도 비싸고 구조도 복잡한데다 위험하기까지 한 키코에 500여 개에 달하는 중소기업이 지난해 집중적으로 가입했다는 것은 아무래도 석연치 않은 구석이 있다는 것이 음모론의 골자였다.

기업들이 무더기로 키코 계약을 할 무렵인 2007년 말부터 2008년 초에는 글로벌 달러 약세가 한창 진행되던 시점으로 원/달러 환율이 920~960원에서 움직이면서 환율의 추가하락이 예상되던 때였다. 유 소장은 당시 여러 은행이 동시다발적으로 중소기업들을 상대로 키코 영업에 나선 것은 누군가 배후에서 키코 상품을 디자인해 은행들을 통해 조직적으로 판매했기 때문이라고 보고 있었다.

뒤풀이가 끝날 때쯤 유 소장이 국제자본의 흐름을 유기적으로 이해하기 위한 공동미션이라며 카페 회원들에게 '환율과 주식, 채권, 부동산 투자의 상관관계'를 정리해보라고 했다.

돌아오는 지하철 안에서 홍 대리는 내내 '키코 음모론', '태산전자 위기돌파'라는 단어를 생각하고 있었다. 그리고 집에 돌아오자마자 키코 음모론 관련 기사를 검색했다.

음모론의 실체

지난해 하반기 이후 환율 움직임은 현기증을 자아낸다. '환율 800원대 시대'가 문 밖에 와 있는 것처럼 보이더니 몇 달 사이 상황이 급반전해 1,200원대까지 수직상승했다. 이와 함께 키코에 계약한 수출 중소기업들의 손실도 눈덩이처럼 불어났다. 이 모든 것이 정말 우연히 벌어진 일일까. 이런 의문은 거대한 음모론으로 이어진다.
음모론의 주 타깃은 외국계 자본이다. 물론 이런 상황이 처음은 아니다. 1997년 외환위기 이후 환율이 급변동할 때마다 외국계 금융회사들은 장외 통화옵션 상품을 국내 은행을 통해 판매해 엄청난 수익을 올렸다는 의혹을 받아왔다. 이들이 특정 구조의 파생상품을 집중적으로 판매한 후 달러를 대거 사들이거나 내다 팔아 수익을 챙겼다는 것이다.

기본적인 그림은 이번에도 마찬가지다. 외국계 투자은행 등이 환율이 더 떨어질 것이라고 부추겨 키코 상품을 사도록 해놓고 환율을 끌어올렸다는 것이다. ○○○ 한나라당 의원은 "외국인들이 주식을 내다 팔고 나가면 환율은 오르게 된다"며 "환율상승에 배팅한 외국계 투자은행이 엄청난 수익을 남겼을 가능성이 크다"고 말했다. 한 은행권 관계자는 "우리나라는 수출 외에는 달러가 들어올 데가 없다"며 "외국인이 해외차입을 못하도록 돈줄을 막고 주식·채권을 정리하고 나가면 환율은 오를 수밖에 없다"고 말한다. 이진우 부장은 "그동안 외환시장은 인위적으로 움직이기 좋은 시장이었던 것은 분명하다"며 "조금만 당기면 환율이 쑥쑥 올라가는 분위기였다"고 말했다.

특히 배후의 환 투기세력이 최근 NDF(차액결제선물환)시장을 통해 원/달러 환율급등을 부추기는 투기꾼과 동일 세력이라면 여간 심각한 문제가 아니다. 이는 증시의 대표적 불공정 행위인 '작전'과 하나도 다를 게 없는 범죄행위이기 때문이다.

마침 당국이 서울외환시장과 NDF시장에서 환투기세력 색출에 나선 모양이다. 정부는 혹시라도 중소기업의 고혈을 빨아먹고 나라 전체를 뒤흔드는 투기세력이 없는지 끝까지 추적해 실체가 있다면 이를 밝혀야 한다. 필요하다면 외환시장에 대한 한시적인 직접 통제도 고려해볼 필요가 있다. 일개 환 투기꾼에 의해 온 나라가 속수무책으로 당하는 일은 결코 없어야 한다.

○○매거진 (2008. 10)

'키코는 처음부터 가입한 기업이 손해 볼 수밖에 없는 구조였다는 거잖아. 그렇담 이대로 당하고 있을 수만은 없는 일이네. 소송을 걸어서 잘못을 밝혀낸다면 충분히 승산이 있다는 얘기 아닌가. 그래! 이럴 땐 한 곳에 힘을 모아야 해. 피해를 본 다른 기업들과 연대소송을 하는 게 유리하겠어. 부장님 친구 분중에도 피해 본 분들이 많다고 하니까 우선 부장님께 제안서팀을 만들자고 건의해야겠어. 제안서에 키코의 음모론을 밝히고 피해기업들과 연대소송을 하자는 내용도 추가하고……. 좋아! 이제 가닥이 좀 잡히는 거 같아.'

세 번째 미션
– 국제자본의 흐름 이해하기

'벌써 여름이 오나…….'

꽃 피자 이내 진다더니, 짧은 봄날은 눈 깜짝 할 사이 지나가고 어느새 가로수는 푸르디푸른 잎사귀를 반짝이고 있었다. 환율 상승으로 인한 충격 속에서도 태산전자는 계속 수출물량이 늘어 한 달 한 달 간신히 부도위기를 넘기고 있었다.

홍 대리는 요즘 물류센터에서 늦게 퇴근하는 날이 많았다. 예년 같으면 퇴근 후에 시원한 맥주를 마시며 프로야구를 즐기고 있었겠지만, 이제는 그런 여유를 부릴 시간이 없었다. 홍 대리는 저녁을 먹자마자 책상 앞에 앉았다.

'오늘은 그간 공부한 자료들을 일목요연하게 정리해볼까.'

홍 대리는 지난번 특강 뒤풀이에서 유 소장이 내준 '환율과 주식, 채권, 부동산 투자의 상관관계'를 통해 국제자본의 유기적 흐름을 이해하라는 공동미션으로 그동안 본 책들과 카페 자료를 종합해 정리해보기로 마음먹었다.

주가지수와 환율은 반대로 움직인다

증권 전문가들은 환율이 상승하면 수출기업에 유리하다며 환율상승 수혜종목을 추천한다. 하지만 정말 그럴까. 한국시장경제 연구소에서 1998년 이후 2008년 10월까지 10년 동안 환율과 주가지수의 상관관계를 조사한 결과 환율하락 국면에서는 주가지수가 상승하고, 환율상승 국면에서는 주가지수가 비교적 큰 폭으로 하락하고 수출기업의 주가도 하락하는 것으로 나타났다.

1997년 환율급등 때도 경제학 교과서 이론 및 증권 전문가들의 분석과 달리 주가지수가 큰 폭으로 하락해 이른 바 '깡통계좌'를 찬 사람들이 속출했다. 또한 2002년 환율상승기에도, 2008년 3월 이후 환율급등 국면에서도 큰 폭으로 하락했다.

반대로 환율하락 국면에서는 경제학 교과서의 내용과 달리 주가지수도 상승하고, 수출 주력 기업의 주가도 큰 폭으로 상승하는 것으로 나타났다. 1998년 환율하락 국면에서도 주가지수는 큰 폭으로 상승했다.

환율과 채권시장을 이용한 국제자본 이동

돈은 금리가 낮은 곳에서 높은 곳으로 이동한다. 일반적으로 국제 유동자금도 환차손 문제만 없다면 금리 차를 줄이는 방향으로 이동하는 경향이 있다. 그런데 스왑시장이 발달하면서 환차손 문제가 해소되어 금리 차를 이용한 국제 금융자본의 이동이 자유롭게 되었다. 국제 금융자본이 외환시장과 채권시장의 관계를 이용하여 어떻게 이동하는지, 그리고 환율에 어떻게 영향을 주는지 알아보자.

채권은 돈을 빌려 쓰고 원금과 이자를 지급한다는 증표로서 발행기관에 따라 국고채, 지방채, 회사채 등으로, 채권 자체의 성격에 따라 일반채, 보증채, 담보채 등으로 나눌 수 있다.

일반적으로 채권은 주식에 비하여 유동성이 떨어지고 만기가 장기다. 채권 보유기간 동안에 채권발행기업의 부도 및 외국인의 경우 환차손 문제가 생길 수 있다. 하지만 채권시장이 발달하면 만기 이전이라도 쉽게 사고팔 수 있으므로, 외국인 투자자들에게 채권시장도 매력적일 수 있다.

외국인 투자자의 입장에서 한국의 채권시장이 매력적인 이유는 다음과 같다.

- 금리 및 외환 선물시장이 개설되어 위험을 회피할 수 있다.
- 정부 차원에서 채권시장 선진화 작업을 추진한 결과 신용등급이 높은 채권은 언제든지 매각할 수 있다.
- 세계적인 신용평가 기관에서 한국기업의 신용등급을 상향 조정하면 이를 기초로 투자위험을 줄일 수 있다.

- 한국은 세계적인 경쟁력을 가지고 있는 기업이 있는 까닭에 국제 유동자금이 한국 채권시장을 투자대상으로 삼고 있으므로 필요할 때 채권을 매각할 수 있다.

한국인들도 금융회사의 여유자금과 외환보유고를 이용하여 외국의 국채나 우량 회사채에 투자하고 있다. 차이점이 있다면 외국인들은 수익률을 높이는 수단으로 채권시장을 이용하는데, 한국의 금융회사와 외환정책 당국은 소극적으로 해외채권에 투자한다는 것이다.

한편, 외국인 투자자들이 한국의 국채와 우량 회사채를 매수하면 유동성이 늘어나 시장금리가 하락하는 등 경제성장에 도움이 된다. 하지만 외국인들이 국채와 우량 회사채를 매도하면 시장금리와 환율이 상승하면서 물가가 오르는 부작용이 생길 수 있다. 이처럼 금리와 환율 변동은 외화유입과 유출의 원인으로 작용한다.

자본의 유입과 유출에 의해서도 금리와 환율이 영향을 받는다. 이는 실물경제에 영향을 주어 경제성장률과 경상수지에도 영향을 미칠 수 있다. 일반적으로 금리나 환율의 변동은 자산가격을 변화시키는 경향이 있다. 이에 따라 국제유동자본은 금리 및 환차익을 기대하고 이동하는 것이다.

환율과 부동산

일반인, 심지어 많은 부동산 관계자들도 부동산과 환율의 관계를 제대로 알지 못한다. 그러나 환율과 부동산시장은 밀접한 상관관계를 가지고 있다. 환율 변동은 부동산 가격의 상승과 하락에 영향을 줄 수 있기 때문이다.

일반적으로 환율하락 국면에서는 달러 공급이 증가하고 시중 통화량이 늘어나며 주가지수는 상승하고 시장금리가 하락하므로 부동산 가격이 상승하는 경향이 있다. 반면에 환율이 낮은 상태를 유지하다가 상승하는 국면에서는 한국의 경제상태가 앞으로 나빠질 가능성이 클 때다. 주가지수가 하락하고 자금시장에 돈이 돌지 않는 것은 물론, 이로 인해 시장금리와 함께 대출금리가 상승하기 때문에 부동산시장이 위축될 수 있다.

환율이 낮은 수준일 때는 부동산 가격이 높다. 이때 환율이 상승하면 건설업체와 실수요자, 기존의 부동산 보유자 모두에게 악재가 될 수 있다. 2008년 하반기 이후 환율급등 과정에서 부동산 가격 거품 붕괴현상이 버블세븐 지역에서 수도권 전체로 확산된 것은 환율상승이 부동산시장에 미치는 부정적인 영향을 알 수 있는 좋은 예다.

역으로 부동산시장도 외환시장에 영향을 줄 수 있다. 부동산 가격상승 국면에서는 실물경기가 활성화되고, 주가지수 상승, 외국인 주식투자 자금 유입 및 외국계 은행 국내지점의 달러 공급

확대로 환율이 하락할 수 있다.

반대로 부동산 가격하락 국면에서는 주가지수가 하락하고, 실물경제가 위축되고, 외국인 투자자들의 이탈 등으로 환율이 급등할 수 있다. 특히 부동산시장에 거품이 발생한 상태에서 가격이 큰 폭으로 하락할 경우, 환율은 크게 상승할 가능성을 배제할 수 없다.

환율과 부동산 가격의 상관관계는 선진국의 사례를 보면 쉽게 이해할 수 있다. 2007년 하반기부터 미국 부동산의 거품이 붕괴되자, 미국 달러는 유로 및 엔화에 대하여 1년 동안에 25% 이상 하락했다. 유럽도 2008년 하반기 들어 부동산시장의 거품이 본격적으로 붕괴되자, 유로는 미국의 부동산 거품 붕괴에 따른 달러 약세에도 불구하고 큰 폭으로 하락한 바 있다.

'다시 봐도 역시 간단치 않아…….'

벌써 자정이 가까워진 시간. 홍 대리는 요점 중심으로 대략적인 정리를 마치고 크게 기지개를 켰다. 자신이 아직 국제자본의 유기적 흐름을 꿰뚫기엔 턱없이 부족한 수준이라는 걸 잘 안다. 조급한 마음이 들지만 하루하루 모르는 내용들을 계속 공부해나갈 수밖에 없다고 생각하며 오늘은 이만 정리했다.

갈등

　1,600원대 턱 밑에서 환율이 최고점을 찍은 후 내림세로 돌아서긴 했지만 좀체 진정될 기미를 보이지 않자 본사에서는 인원 감축설이 나돌았다.

　'복귀가 가능할까? 혹시 여기서마저 잘린다면…….'

　매일 파김치가 되어 퇴근하는 아내를 생각하니 홍 대리는 자꾸 불안한 마음이 들었다. 그런데 오후에 예고도 없이 김병수가 물류센터로 홍 대리를 찾아왔다. 거래처에 갔다가 돌아가는 길에 들렀다는 것이다.

　"형님, 상하이 제가 먼저 갑니다요."

　"갑자기 형님은 뭐고, 상하이는 뭐야?"

　"아, 지난번 강 차장님이 닦아 놓은 밭에 씨를 뿌려야지요. 오늘 회사에서 해외파견 결재가 났어요. 영업부 최 대리님하고 함께 갑니다!”

“그래?”

“형님은 골치 아픈 본사보다 창고가 훨씬 더 적성에 맞으시는 것 같네요. 사람들도 다 좋아 보이고. 아무튼 제가 있으니 본사는 아무 걱정 마시고 마음 편하게 지내세요.”

‘쥐새끼 같은 놈.’

홍 대리는 하마터면 쌍욕이 터져 나올 뻔했지만 직원들 앞이라 애써 감정을 눌렀다.

‘이 자식이 직원들 보는 앞에서 대놓고 나를 물 먹인단 말이지! 그래, 어디 두고 보자. 니가 언제까지 잘나가는지…….’

정말 분통이 터졌다. 이번 출장을 계기로 김병수가 자기를 밟고 올라갈 것 같은 생각이 들었다. 후배의 승승장구를 축하해야 하지만, 홍 대리는 김병수에게만은 그런 마음이 들지 않았다. 이제는 해외파견 근무를 반기지 않는 추세지만 그래도 능력을 인정받고 실적을 낼 수 있는 기회는 해외근무가 최고다. 그만큼 운신의 폭이 넓은 곳이기 때문이다. 더군다나 지난 번 유명환 소장으로부터 중국 공부의 필요성을 들은 이후 홍 대리는 틈틈이 중국 관련 자료들을 모으기 시작했고, 어느 곳보다 매력 있는 나라라고 생각하고 있었다. 그런데 김병수에게 먼저 기회가 찾아오다니…….

김병수는 이제 확실히 강 차장의 사람이 된 모양이었다. 전부터 김병수는 문 부장보다 강 차장을 더 챙겼다. 입에 혀처럼 노는 그를 강 차장이 마다할 리 없었다. 그 결과인 모양이다.

심사가 꼬이기 시작하니 일도 손에 잡히지 않았다. 만사가 시들해졌다. 일이 꼬이려면 엉뚱한 데서 마(魔)가 낀다고 하더니 김병수의 존재가 계속 신경을 건드렸다.

회사에서는 그동안 쉬쉬하던 키코 관련 손실을 더 이상 덮어둘 필요가 없다고 판단해서인지 각 부서에 비교적 자세하게 회사 손실에 대해 공문을 보냈다. 3월, 최고점을 찍은 이후 환율은 많이 떨어져 1,300원대로 하락한 덕분에 한시름 놓은 상태지만 여전히 손실은 컸다.

사장은 사원들의 불안감을 의식해서였는지 어려운 여건에도 불구하고 회사가 문을 닫는 일은 없을 거라며 동요하지 말고 열심히 맡은 일을 해줄 것을 당부했다.

한동안 직원들이 술렁였던 것만은 사실이었다. 홍 대리도 근무시간에 카페에 들어가 환율공부를 했다. 해서는 안 될 일이라는 걸 알면서도 회사 사정을 핑계로 업무에 소홀했던 것이다.

아닌 게 아니라 두 달째 함께 생활하다 보니 이곳 물류센터도 구매부 못지않게 중요한 조직이었다. 그리고 좀 거칠지만 배일도나 다른 직원들은 의외로 순박한 사람들이었다.

점심시간엔 함께 점심을 먹고 창고에서 얘기를 나누거나 족구를 하기도 하면서 홍 대리는 이들에게서 본사 직원들과는 또 다른 '너무나 인간적인' 동료애를 느꼈다.

그래, 결심했어!

　본사 지하주차장. 태산전자 마크가 찍힌 봉고차에서 홍 대리가 내렸다. 지난 달 월급이 제때 들어오지 않자 위기감을 느낀 직원 몇 명이 갑자기 퇴사한데다 비상경영체제라 새로 사람을 뽑을 여력도 없어서 홍 대리는 주문상품들을 대리점에 배달하는 일까지 직접 하고 있다.

　검정색 렉서스가 주차장으로 들어왔다. 차에서 내린 사람은 차 색깔과 똑같이 검은 양복을 쫙 빼 입은 강 차장이었다. 홍 대리를 본 강 차장의 얼굴에 알 듯 모를 듯한 비웃음이 비쳐졌다. 홍 대리는 애써 싫은 표정을 감추고 강 차장에게 인사했다.

　"어, 홍 대리. 웬일이야?"

　"외근 나온 길에 서류 전달할 게 좀 있어서요."

　"거기서는 좀 있을 만한가? 내가 보기엔 여기보다 오히려 나을 것 같은데 말이야."

"그냥 그렇죠 뭐."

"자네는 늘 그런 식이 문제야. 그렇게 큰 사고를 쳤으니 그나마 자리보전한 걸 다행이라 생각하고 더 책임의식을 가져야지. 매사가 두루뭉술하니 도대체 어쩌려고 그래?"

강 차장의 비난조 훈계에 기분이 나빴지만 대꾸하지 않고 참았다. 사실 그다지 틀린 말도 아니었다. 대학졸업하고 취직해 결혼하고 서른네 살이 될 때까지 별 생각 없이, 남들이 가는 대로, 시키는 대로만 살아온 결과가 지금 자신의 모습이었다. 그에 비해 겨우 다섯 살 차이인데도 이사진들의 신임을 받으며 회사의 중추적인 역할을 담당하는 강 차장은 거대하고 막강한 존재였다.

"무슨 서류인데? 그냥 나한테 주지 그래."

"아니요. 부장님도 뵙고, 부원들도 보고 가야죠."

"그럼 그러든지. 근데 이런 난리 통에 홍 대리 왔다고 반가워할 사람이 있을지 몰라."

함께 엘리베이터를 탄 강 차장은 콧노래를 불렀다. 도대체 이 사람은 회사가 풍전등화인데도 뭐가 그리 좋을까. 하긴 여기저기서 스카우트 제의가 쇄도한다지? 하지만 사무실에 들어서자 강 차장도 표정관리를 했다. 문 부장은 보이지 않았고 부원들 모두 일을 놓은 듯, 왠지 분위기가 좋지 않았다.

"어머, 홍 대리님 오셨어요?"

고은주가 홍 대리를 보고 반갑게 인사했다.

"응, 오랜만. 다들 잘 지냈지? 부장님은?"

"지금 사장실에 가셨어요."

"요즘 회사 분위기는 어때? 발주량이나 주문량이 점점 떨어지던데……."

"네, 심각해요. 아무래도 부장님이 책임을 져야 할 것 같아요."

조현이가 걱정스러운 얼굴로 말했다.

"뭐라고? 어쨌든 부장님은 좋은 뜻으로 한 일인데."

"회사가 무슨 자선단체야? 손해를 끼쳤으면 누군가가 책임을 져야지."

강 차장의 냉정한 말투에 부원들 모두 시선을 돌렸다.

그때 문 부장이 들어왔다. 얼굴이 하얗게 질려서 곧 쓰러질 것만 같은 걸음걸이였다. 홍 대리가 얼른 다가가 문 부장을 부축했다.

"부장님 괜찮으세요?"

"아, 홍 대리 왔나."

문 부장은 이마를 짚으며 의자에 털썩 주저앉았다.

"괜찮으세요, 부장님?"

"……."

병원에 들렀다가 퇴근하겠다고 문 부장이 나간 후 강 차장도 일이 있다며 일어섰다. 김병수도 따라나섰다. 그들이 나간 후 조현이는 이사진들이 연명 사직서를 냈다는 소문이 있다고 말해주었다.

　"그래도 이번 분기에 그동안 공들인 선박용 X-300이 출시하니까 자금이 풀려서 괜찮아질 거라고 하는데 우리 너무 힘 빼지 말고 일해요."

　조현이가 홍 대리를 보며 말했다.

　"참 선배, 전에 말씀드린 제안서 공모 한번 생각해보셨어요?"

　"응. 안 그래도 본사 온 김에 부장님과 그 얘기 좀 나눠볼까 했는데 오늘은 분위기가 영 그러네."

　고은주가 홍 대리를 의아하게 바라보며 물었다.

　"제안서요?"

　"태산전자의 현안과 위기돌파 대책 제안서, 은주 씨도 들었지? 그게 혼자 힘으론 아무래도 좀 어려울 것 같아서 말이야."

　"대리님, 그럼 우리 저녁이라도 먹으며 얘기 좀 해봐요."

　조현이가 거들고 나섰다.

　"그래요, 대리님. 간만에 저희 맛있는 거 좀 사주세요, 네?"

　퇴근시간에 맞춰 홍 대리는 조현이, 고은주와 함께 전에 자주

가던 생태탕집으로 향했다.

"뉴스를 보니 키코 사태는 생각보다도 파장이 크더군. 중소
수출기업인 A사는 500만 달러어치의 키코에 가입, 원/달러 환율
이 오르면서 매달 5억 원 정도의 손실을 보고 있고 B사 역시 상
반기에만 530억 원의 평가손실을 기록했다는 거야."

"어머, 홍 대리님. 완전 딴사람 같아요."

고은주는 물론 홍 대리에게 처음 제안서 공모를 전한 조현이
도 전과 달라진 홍 대리의 모습에 조금 놀라는 눈치였다.

"뭘…… 실은 내가 요즘 환율공부를 좀 하고 있거든. 들어봐.
만약 원/달러 환율이 1,140원이면 키코에 가입한 기업들의 전체
피해는 1조 5,416억 원이라는데, 지금 환율이 얼마야? 1,590원을
피크로 다행히 조금씩 내리고 있지만 앞으로 어떻게 될지 누가
알겠냐구? 회사의 사활이 걸린 문제인 만큼 문 부장님께 제안서
팀을 만들어 준비해보자고 말씀드리러 온 거야."

"와, 정말 홍 대리님 맞으세요? 진짜 대단하시다. 저희들도 열
심히 거들 테니 까짓 거 한번 해보자구요. 그런 의미에서 건배!"

"그래, 고마워. 문 부장님께는 조만간 따로 말씀드릴게."

꿈을 꾸는 사람들

〈환율아 놀자〉 카페 정모. 그들과 함께 토론하고 있는 홍 대리의 모습은 처음과는 많이 달라져 있었다. 이제 대화를 주도적으로 이끌기도 하고 핵심적인 질문도 곧잘 이끌어냈다.

환율공부는 누군가에게 떠밀려서 한 것이 아니라 처음으로 홍 대리가 스스로 다가가서 찾은 것이었다. 처음엔 업무 때문에 시작한 일이지만 공부를 하면 할수록 몰입이 되었다.

환율의 움직임은 국가나 사회의 경제상황은 물론 정치현상도 꿰뚫어볼 수 있었다. 무엇보다도 사람들의 심리가 엿보였다. 그걸 하나씩 알아가는 것이 신기하고 흥미로웠다. 아니 환율공부는 핑계고 사람들을 만나는 재미가 더 큰 것인지도 모르겠다. 명석으로부터 카페를 소개받은 지 넉 달 만에 미션을 거의 달성하고 카페의 특별회원이 된 것도 스스로 대견했다.

카페에서 만난 사람들은 저마다 꿈을 가지고 있었다. 그리 거창한 꿈은 아니고 아주 소박한 꿈이지만 꿈을 꾸고 있다는 것 자체가 활기를 주었다. 카페지기 유명환 소장님은 환율전문가이니까 그렇다 치고, 엽기적인 그녀는 언젠가 지나가는 말로 자신의 꿈이 환율로 재테크를 하는 것인데 날마다 고등어 값을 버는 것이 목표라고 했다. 그러니까 노후생활 준비를 위한 것이라는 말씀인데 그게 고등어 값이 될지 소 한 마리 값이 될지는 누구도 모를 일이다.

배고파는 본인은 스트레스 때문에 체중이 불어난다고 하지만 사실은 회사에서 만드는 수출용 삼계탕을 비롯한 식품 샘플들을 날마다 직접 맛보기 때문이라고 했다.

언젠가 그도 식품 원자재 구입의 노하우를 익혀 탄탄한 중소기업 사장으로 자리 잡을 것이다.

손바닥은 아이들을 먼저 호주로 유학 보내고 언젠가 자신도 이민을 꿈꾸고 있다. 그녀는 주식으로 까먹은 원금을 회복하는 날만 기다리고 있다. 그날이 오면 사랑하는 아이들을 만나러 호주로 날아갈 것이다. '환율을 모르면 주식도 펀드도 어두운 밤길을 걷는 격'이라는 그녀는 오늘도 카페에 들어와서 열심히 눈팅을 한다.

엑스맨의 꿈은 너무나 확고하여 새삼 말할 것도 없다. 외환관리사 자격증을 따 일차로 은행 외환팀으로 들어간 다음, 외환시장이 발달한 홍콩이나 영국으로 연수를 가는 것이 이차목표이며, 그 다음엔 유능한 외환딜러가 되는 것. 그리고 결혼은 보란 듯이 성공한 다음에 생각해보겠다고 했다. 그의 열정을 보면 그 꿈은 반드시 이루어질 것 같다.

'나의 목표는?'

홍 대리는 잠시 생각에 빠졌다. 확실한 것은 지금 당장 '돈을 많이 버는 것'은 아니다. 국내 경제도 다 모르는데 더구나 외국의 정치나 경제사정과 밀접한 관계를 가진 환율 메커니즘을 이용해 돈을 번다는 것이 개인이고 기업이고, 나라고 할 것 없이 쉽지 않다는 것을 잘 알기 때문이다.

'1차 목표는, 우선 제안서를 잘 작성해 본사로 복귀하는 것으로 하자. 그 다음엔 회사에서 제일가는 환율통이 되는 것! 힘내자. 홍대희, 넌 할 수 있어.'

홍 대리는 컴퓨터를 켜고 즐겨찾기 맨 윗줄에 저장해둔 〈환율아 놀자〉 카페를 찾아 클릭했다. 카페에 들어가면 메뉴 중 일반 게시판에 들러 누가 글을 올렸는지 먼저 살폈다. 전문적인 수준이 아니더라도 생활 속에서 겪는 환율정보와 애환을 들어보면 다양한 사람들의 얼굴만큼이나 다양한 이야기들이 있다.

홍 대리는 오랜만에 학습에 대한 성취감을 느끼며 사이버 공간에서의 만남이 현실에서도 이어지고 있다는 게 감동적이라고 생각했다. 한 회사 밥을 먹으면서도 일을 하면서는 서로를 견제

하고 질시하는 분위기에 지쳐 있었는데, 이곳은 좋은 정보를 공유하고 서로 나누려는 우정 같은 것이 존재해서 더 좋았다. 명석이는 친구니까 그렇다 쳐도 엽기녀나 유 소장은 남을 위해 이처럼 시간과 정성을 쏟을 이유는 없었다. 그런데도 군소리 한 번 없이 마치 스승이 제자를 대하듯 멘토와 멘티의 관계로 많은 것을 가르쳐주려는 배려가 새삼 고마웠다.

키코 계약이 무효라구요?

　　여름이 가고 9월로 접어들었지만 회사 사정은 여전히 나아질 기미가 보이지 않았다. 다행히 키코 계약 건은 전 사회적인 문제로 옮겨져 은행 측이 위험고지를 철저히 하지 않은 책임을 규탄하는 분위기로 가고 있었다. 이제 홍 대리는 제안서 작성에 어느 정도 자신감이 생겼다.

　　홍 대리는 일단 그 문제를 더 심도 있게 검토해 회사를 안정시키는 데 일조하리라 다짐하며 명석에게 유 소장과의 만남을 주선해달라고 부탁했다. 그에게 환율 전문 변호사를 추천해달라고 부탁할 생각이었다.

　　유 소장은 다음 달에 출판할 책 원고 마무리 때문에 정신없이 바빴다. 그래도 시간을 내주었다.

　　"지난번 특강, 감명 깊게 들었습니다. 소장님께 금융상품을 잘 아는 변호사를 소개받고 싶습니다."

홍 대리는 그동안 자신과 태산전자에 생긴 일들을 대략적으로 설명하고 제안서에 키코 계약 무효소송을 진행하자는 내용을 넣을 것이라는 계획을 밝혔다.

"민사 갖고는 안 돼요. 키코 계약이 사기이고 무효임을 입증하는 형사소송을 해야 이길 가능성이 있어요. 당연히 손해가 날 수밖에 없는 구조를 가진 파생상품을 고객에게 거래를 유도해 손해가 발생했으니 은행은 외환전문가를 고용하지 않았다면 손해배상 책임을 져야 하고, 외환전문가도 없이 파생상품을 판매하거나, 펀드구조도 모르면서 펀드판매를 하는 건 자격 없는 사람을 고용하여 자신의 이익을 위해 고객을 속인 행위예요. 해당은행 책임자는 형사처벌 대상감이지요."

유 소장의 말에 홍 대리는 천군만마를 얻은 듯했다. 따로 변호사를 고용하지 않더라도 유 소장이 나서준다면 회사로서는 거의 이기는 싸움이다.

"이 세계는 약육강식, 모르면 당하고 지식으로 무장하지 않으면 먹히는 '현대판 정글'이지요. 왜 있지 않아요? 짐승들이 물고 싸우는……."

"네……."

"홍 대리님, 이번 키코 무효소송과 관련해 태산전자 살리기 제안서를 다음 미션으로 해보면 어떻겠어요? 가장 중요하고 또 홍

미로운 주제가 될 것 같군요. 향후 예방차원에서 외환관리 시스템을 마련하자는 내용도 넣고 말입니다."

유 소장은 환율 전문 변호사와 함께, 회사의 상시 외환상황과 환율의 변화를 조합해 재무구조를 한눈에 볼 수 있는 외환관리 시스템 개발자까지 소개해주었다. 유 소장 연구소에서 일하는 연구원이 바로 그 시스템을 만들고 시범적으로 운영하고 있다고 했다. 태산전자에서 원한다면 무료로 프로그램을 주겠다는 말도 덧붙였다.

"정말 감사합니다. 그렇게만 해주신다면 그야말로 금상첨화지요."

가장 걱정스러웠던 문제가 풀리고 나니 다른 일들은 일사천리로 진행되었다.

유 소장이 불러준 환율 전문 변호사의 전화번호 밑에 홍 대리는 '네 번째 미션-태산전자 살리기 제안서 작성'이라고 써넣었다. 회사와 관련된 주제다보니 책임감도 들고 긴장되었다. 이번 미션만 제대로 수행하면 아마도 더 이상 실패하지 않고 꿋꿋이 걸어나갈 수 있을 것 같은 자신감도 생겼다.

홍 대리는 그동안 많은 도움과 위로를 건네준 엽기녀에게 감사의 메일을 보내며 그간의 다짐을 새롭게 했다.

'지금부터 변호사를 만나 매일 천문학적인 돈이 움직인다는 글로벌 환율시장이라는 정글에서 살아남는 법을 익혀야 한다.'

엽기적인 그녀와의 데이트

홍 대리가 엽기녀로부터 답신을 받은 것은 사흘 후였다. 지방에 볼일이 있어 갔다가 오늘에야 메일을 보았다고 미안해했다.

홍 대리님, 네 번째 미션이 정해졌다구요?

지금까지처럼 잘 해내리라 믿어요. 그러고 보면 사람들은 저마다 남들이 알 수 없는 상처들을 하나씩은 가지고 사는 것 같아요. 겉으론 나타나지 않지만 저 깊은 곳에 숨겨져 있는 검은 우물 같은 것.

사실은 그런 우물들이 하나씩 있어서 더 사람다운 세상이 아닐까요? 생텍쥐페리도 사막이 아름다운 건 어딘가에 우물이 숨어 있기 때문이라고 했죠.

눈으로는 찾을 수 없고 마음으로 찾아야 하는 우물 말예요.

홍 대리님한테 들려줄 얘기도 있고…… 저와 데이트 어때요?

설마 할머니라 싫다고 거절하지는 않으시겠죠? ^^

그럼, 시간과 날짜를 잡아 연락주세요. 홍 대리님, 파이팅!

"하하, 데이트라……."

메일을 받은 홍 대리는 엽기녀의 마음 씀씀이가 고마웠다. 제안서 작성을 앞두고 긴장해 있는 자신에게 힘을 주기 위한 배려임을 잘 알아서다. 엽기녀는 그동안 미션이 있을 때마다 친절하게 설명해주며 홍 대리를 여기까지 안내한 사람이다. 먼저 고마움의 표시를 했어야 했다는 생각이 들었다. 홍 대리는 데이트를 어떻게 해야 할지 고민했다. 그런데 좋은 장소가 떠오르지 않았다. 인터넷 서핑을 하며 정보들을 검색했다. 때마침 르누아르 전시회가 시립미술관에서 열리고 있었다. 홍 대리는 곧바로 엽기녀에게 답을 보냈다.

뭐라고 감사를 해야 할지…… 저로서는 영광입니다.

빨리 뵙고 싶군요. 이번 토요일 시립미술관 앞, 12시 어떠세요?

제가 점심도 사고 르누아르 전시회 표도 예매해놓겠습니다.

오늘은 엽기녀와 데이트 하는 날. 홍 대리는 시립미술관으로 향하며 갑자기 왜 엽기녀라는 닉네임을 지었을까 궁금해졌다. 엽기적이기는커녕 너무나도 소박하고 자상한 그녀에게 어울리지 않는 닉네임이라고 생각했다. 홍 대리는 오늘은 꼭 그 이유를 물어봐야겠다고 생각했다.

12시 5분 전, 시립미술관 매표소 앞. 엽기녀가 먼저 나와 있었다. 그리고 그녀의 손에는 입장권이 두 매 들려 있었다.

"아, 미안합니다. 또 한 발 늦었군요!"

"호호, 정말 보고 싶은 전시였는데 홍 대리님 덕분에 보게 되어서 제가 고마운데요."

홍 대리는 미안한 마음에 얼굴이 붉어졌다. 어쩔 줄 몰라 하는 홍 대리에게 엽기녀가 재촉했다.

"즐거운 토요일, 데이트 시작해볼까요?"

홍 대리와 엽기녀는 전시를 보고 나서 근처 이탈리아 음식점에 마주앉았다. 엽기녀는 자리에 앉자마자 환율에 대한 얘기부터 시작했다. 그리고는 물가, 금리, 주식, 부동산까지 전문가 못지않은 정보에 대해 알려주었다. 홍 대리가 짐작했던 것보다 엽기녀는 놀랄 만큼 해박했다. 거기에 비하면 홍 대리가 작성한 '환율과 주식, 채권, 부동산 투자의 상관관계'에 대한 페이퍼는 겉핥기 수준이라는 생각에 부끄러워졌다.

"홍 대리님, 최근 환율급등 원인에 대해 생각해보셨어요?"

"네, 좀……."

엽기녀는 웃으며 말을 이었다.

"2008년에 새 정부가 들어섰죠? 보통 정권이 바뀌면 초기에는 환율을 높이는 데 신경을 쓰죠. 이 정부는 유독 그랬구요. 왜 그럴까요? 바로 경제성장 때문이죠. 환율을 높이면 수출하는 기업에 절대적으로 유리하니까요. 국내에서 물건을 만들어 해외로 팔아 달러를 받아오는 기업 입장에서는 원화표시 매출액이 늘어나게 되니까 수치상으로는 경제성장이 이뤄지는 거죠. 해외에 나가 1달러를 벌었는데 종전 1달러당 1,000원 하던 원화가 1,200원이 됐다, 그러면 1,000원 벌 걸 1,200원 벌 수 있으니까요. 단순 계산으로 20% 증가네요. 당연히 무역수지가 개선되겠지요. 하지만 정부가 간과한 것은 원자재 가격과 유가였습니다. 작년부터 원자재 가격과 유가의 상승이 예상됐음에도 불구하고 그것에 대한 대처를 하지 않은 것이 문제였어요."

"원자재와 유가가 환율과 직접적인 관계가 있다고요?"

"그럼요. 원자재와 유가가 폭등했다고 생각해봐요. 1달러 하던 원자재를 과거에 국내기업이 1,000원에 사왔다고 생각해보세요. 그런데 그 원자재가 2달러로 올랐습니다. 그럼 예전 환율이라면 2,000원을 지불하면 됐겠지요. 하지만 환율이 1,200원으로 올랐다면 이제는 2달러에 해당하는 2,400원을 지불해야 하는 거죠. 원자재는 1달러에서 2달러로 2배가 됐지만 우리가 부담해야 할 비용은 1,000원에서 2,400원이 됐으니 2.4배가 올랐잖아요. 이렇게 되면 국내물가는 어떻게 될까요? 외국의 원자재가의 실질적인 상승보다 국내에서 체감하는 원자재가 상승은 훨씬 더 크게 느껴지지요."

"아, 요즘 정말 살기가 겁나요."

"물가가 엄청 뛰었죠. 그럼, 단순한 논리로는 물가가 오르면 금리를 인상해야 하는 거죠. 사실 지금 상황은 경제가 활성화되어서 물가가 오른 게 아니니까 위험한 거죠. 아무튼 이 얘기는 다음에 하기로 하고요. 정부는 금리를 인상하지 않기로 합니다. 바로 부동산 때문이죠. 우리나라 부동산, 정말 많이 올랐어요. 문제는 많은 사람들이 집을 살 때 대출을 끼고 산다는 겁니다. 금리가 오르면 당연히 부동산 구입이 어려워지고 대출을 받아 부동산을 매수한 사람들은 이자 부담 때문에 가지고 있기가 어려워지니까 당연히 부동산 경기가 침체되겠죠. 그래서 환율은 앞으로 좀 떨어질 거예요. 주식은 머지않아 반등이 일어날 것 같고……. 인위적으로 환율을 조정하면 안 되는 것인데 정책적으로 자꾸 시장에 관여하려는 정부도 문제예요."

"경제를 알려면 정말 균형 잡힌 시각이 중요할 것 같아요. 공부도 더 해야 하고요."

홍 대리는 회사 이야기를 꺼내지 않을 수 없었다. 엽기녀가 카페 가입 이유를 물었기 때문이었다.

"마음고생이 많으셨겠네요. 본사에 복귀하고 다음 목표까지 이루려면 이번 제안서의 성공이 정말 중요하겠어요."

"예. 덕분에 많은 걸 배우고 여기까지 왔습니다. 근데 전에 현 기자와 얘기 중에 환율 때문에 생기는 재무위험을 막거나 피하는 방법이 있다고 들었습니다. 그걸 알면 환율의 모든 것을 아는 거라고 현 기자가 그러더군요. 그게 이번 제안서의 핵심인데 아

직 잘……."

"호호, 현 기자가 그렇게 말했어요? 그걸 전문적인 말로 '환 리스크를 헤지[24]한다'라고 하죠. 헤지(hedge)라는 말은 왜 영화 같은 데서 보면 큰 목장에서 말이나 소들이 멀리가지 못하게 쳐놓은 울타리 같은 거 있잖아요? 그거래요."

"말이 못 달아나게, 즉 손해를 막는다는 뜻이네요."

"그런 셈이죠. 환 리스크 헤지법에는 여러 가지가 있는데 대표적인 게 선물 환[25], 옵션[26], 스왑[27] 같은 것들이에요. 선물 환은 미래의 일정 시점에 주고받게 될 외국 돈의 가격(환율)을 현재 시점에서 미리 정해두는 거죠. 그렇게 하면 미래의 환율 변동으로

인한 손실을 피할 수 있으니까요.

예를 들어 수입업자가 환율이 1달러(1,200원)일 때 미국으로부터 오렌지를 수입하고 3개월 뒤에 수입대금을 달러로 지급하기로 했다고 가정해봐요. 그럼, 3개월 뒤에 환율이 1,200원 이상으로 상승하면 원화로 환산한 수입대금이 많아지게 되니까 손실을 보게 되겠죠. 그러면 수입업자가 환율이 1,200원 이상으로 오를 경우를 대비해서 3개월 뒤에 은행에 달러당 1,200원에 매입하기로 하는 계약, 이걸 3개월 만기 선물 환 매수계약이라고 하는데요. 이 계약을 해두면 3개월 뒤에 환율이 상승하더라도 손실을 보지 않게 되는 거죠. 옵션이나 스왑도 비슷한데, 다 알 필요는 없어요. 그런데 키코처럼 증거금의 수십 배에 달하는 환차손을 입을 위험도 있어요. 그래서 엄밀하게 말해 환 위험관리 수단이라고 할 수 없죠. 환율예측 능력이 없는 선물 환 거래는 오히려 위험해요. 대신 환 변동보험[28]이라고 들어보셨어요?"

"아니요, 그건 또 뭔가요?"

"외환 리스크 관리에 취약한 중소기업을 대상으로 수출보험공사에서 환율 변동에 따른 위험을 보전해주는 금융상품이에요. 근데 이건 수출기업에만 적용이 돼요. 선물 환처럼 미래 일정 시점의 환율을 정해서 수수료를 주고 수출보험공사에 보험을 드는 거죠. 그 다음에 환율이 떨어지면 수출보험공사가 손해를 보는 거고, 환율이 오르면 수출보험공사가 버는 거죠. 즉, 기업 입장에서는 소정의 보험료만 내고 위험을 없애는 거죠. 요즘 환율 변동이 너무 심하니까 수출보험공사에서 이거 안 들어주려고 해서 말이 많았죠.”

선물 환이 소액의 증거금[29]으로 환율 변동으로 생길 수 있는 위험을 회피하거나 수익을 얻기 위해 하는 것이지만 환율전문가 없이 무턱대고 가입했다간 엄청난 피해가 돌아온다는 사실은 바로 홍 대리 회사가 겪고 있는 문제였다.

사실 100만 달러 헤지를 3건이나 가입한 건 외환손실을 막기 위해 가입했다기보다 투자의 일부로 생각했을 것이다. 문 부장이 조찬모임에 나갔다가 다른 회사 상무로 있는 선배의 말을 듣고 사장에게 제안했다고 하는데 무지와 욕심이 부른 인재라는 생각이 들었다.

“오늘은 여기까지 하죠. 한꺼번에 다하면 머리에 쥐 나요.”

“네? 아, 그러죠. 하하.”

“제 표현이 너무 올드했나요?”

“아, 아뇨. 재미있어서요. 엽기녀 님, 아니 엽 여사…… 아이고, 죄송합니다. 어찌 불러야 할지 몰라서…….”

“괜찮아요. 엽 여사 좋네요. 호호!”

“전에도 무슨 사자성어를 쓰셨는데…… 표현이 재밌으세요.”

엽기녀의 말투는 부드러우면서도 약간 충청도 사투리가 섞여 재미있다. 오늘 같은 데이트라면 열 번도 스무 번도 하고 싶다고

생각했다. 그리고 더 분발해야겠다는 다짐을 하며 엽기녀와 헤어
졌다.

　돌아오는 길, 닉네임에 대해 묻는 걸 잊었다는 사실을 기억해
냈다. 아쉽지만 다음 기회를 기다릴 수밖에 없다. 집에 와서 엽
기녀가 공부하라고 한 '환율 변동으로 인한 손실 피하기'에 대한
자료를 보았더니 생각보다 어려웠다.

　'옵션과 스왑은 또 뭐람? 이걸 다 알아야 하나…….'

　그때 전화벨이 울렸다. 명석이었다. 명석은 다음날, 점심을 함
께 하자고 했다. 키코 피해기업에 대한 기사를 쓰는데 태산전자
에 대해 몇 가지 물어볼 것이 있다고 했다.

　다음날, 점심시간.
　명석이 홍 대리 회사 근처로 왔다. 명석은 태산이 키코에 가입
하게 된 경위과 그간의 피해에 대해 물었다. 홍 대리는 아는 대로
대답해주었다. 그리고 며칠 전 엽기녀를 만났다는 말을 했다. 명
석은 엽기녀에 대해 이야기해주었다.

　엽기녀는 처음에 FX(Foreign Exchange Margin)를 통해서 외
환을 접하게 되었다고 했다. 일반인들도 인터넷을 통해서 외환거

래를 할 수 있도록 법이 개정된 2005년, 그녀는 일본에 있었다. 일본은 우리보다 7년 앞선 1998년에 FX마진거래가 법률로 시행되었다.

당시 평범한 주부들도 외환거래로 재테크를 하는 등 일본에서는 우리나라의 주식거래처럼 외환거래가 활성화돼 있었다. 외환거래에서 크게 수익을 올리는 스타 주부도 탄생하곤 했다. 대표적인 사람이 **토리이 마유미**[30]다.

토리이 마유미 여사와 한 인터넷카페에서 만나 친분을 갖게 된 그녀는 생각보다 단순한 FX의 매력에 빠졌다. 처음엔 그녀가 가르쳐준 대로 아주 작은 규모로 거래를 시작했다고 한다.

그러다가 한국에 돌아오게 되었고 한국에서도 FX거래가 허용된 것을 알고 일본에서 했던 대로 주로 저금리 일본 엔화 매도에 금리가 연 8%대에 달하는 고금리 뉴질랜드 달러나 호주 달러 매수포지션을 유지했다. 그렇게 해서 환율이 변동되더라도 매일 이자수익을 올리는 소위 와타나베 1세대가 되었다.

명석이 엽기녀를 만난 것은 그 무렵이었다고 했다. 한국에서도 일본처럼 FX거래가 활성화될 수 있을지에 대해 생각하다가 성공사례들을 찾아보았다. 그러다가 외환협회 사무실에서 '엽기적인 그녀'라는 필명으로 인터넷 FX 관련 사이트에 글을 쓰며 실제로 거래를 하고 있던 그녀를 소개받았다. FX트레이딩 딜러와 취재원으로 만난 것이다.

"필명이 그냥 붙은 게 아니었어. 수익률이 대단했더라구. 말 그대로 엽기적이야. 그런데 한사코 취재를 거절하는 거야. 자기는 아직 자신만의 전략도 없고, 한참 멀었다고. 그런데 내가 욕심이 나서 덜컥 기사를 써버렸지. 그랬더니 난리가 난 거야. 신문사로 찾아와선 편집국장을 만나 따지는데 어떻게 조목조목 기사내용까지 지적하는지…… 내가 빌고 빌어서 겨우 화를 풀었지. 그래서 지금은 누님, 동생 하는 사이가 됐어. FX시장 읽는 것은 나보다 한 수 위야. 국내 원/달러 시장을 알고 싶다고 해서 내가 유소장님을 소개했지. 벌써 3년 됐나?"

'FX시장은 주식이나 선물과도 달라서 하루 24시간 종일 열린다는데, 그건 어떻게 하고 카페를 운영하면서 시간과 정성을 쏟고 있는 걸까?'

생각하면 할수록 홍 대리는 엽기녀가 더 궁금해졌다.

환 위험관리와 재테크

홍 대리님, 덕분에 모처럼 즐거운 시간을 가졌습니다.

정보 하나 알려드릴게요.

곧 카페에도 공지할 예정인데 홍 대리님께 먼저 알려드리는 거예요.

2주 후에 유 소장님 공개특강이 있답니다. 도움이 될 것 같아서요.

참, 태산전자 직원분들 중에도 관심 있는 분은 함께 가시면 좋겠군요.

그럼, 홍 대리님, 파이팅!!!

홍 대리는 엽기녀의 메일을 받을 때마다 힘이 났다. 특히 항상 '홍 대리님 파이팅!'이라는 말을 잊지 않는 엽기녀가 고마웠다.

홍 대리는 어떻게든 다시 예전 부서로 돌아가고 싶었다. 외환전략도 세우고, 회사에 이익이 되도록 수출입 물자구매 관리도 잘하고, 무엇보다도 회사 위기돌파를 위한 제안서를 성공적으로 마무리해서 강 차장 앞에서 큰소리 한번 치고 싶었다.

M경제신문사가 후원을 하고 그 신문사 강당에서 열리는 유 소장의 공개특강은 회를 거듭할수록 인기를 더해가고 있다. 공개특강은 카페의 특별회원뿐만 아니라 일반회원 누구나 참석할 수 있고, 일반에게도 공개되었다. 2주일 전, 신문에 조그맣게 광고가 나가고 카페에 배너 하나만 걸었을 뿐인데도 벌써 예상 인원을 넘었다고 했다.

홍 대리는 문 부장과 몇몇 구매부 직원들에게도 따로 메일을 보내 공개특강을 알렸다. 강의가 끝나고 환율노트를 직원들에게 전해주고 제안서 작성과 관련해 논의하자고 할 생각이다.

기초적인 용어를 정리한 '홍 대리의 환율노트'는 이미 완성되어 있었다. 엽기녀의 조언으로 작성하기 시작한 노트는 용어편에 이어 응용편까지 40여 페이지 가량 되었다. 홍 대리는 환율노트를 볼 때마다 뿌듯해졌다.

환율노트는 그동안 홍 대리가 용어를 잘 몰라서 실수했던 것부터 일상생활에서 꼭 알아야 하는 환율 상식들을 정리했다. 여기에 회사 업무와 관련된 중요한 용어들이 적혀 있었다. 따로 파일로 저장해둔 환율노트 폴더를 열어 아직 적지 못한 중요한 환율이론들을 포함해서 프린트를 해보니 분량이 많지 않은 아담한 '환율노트'가 탄생되었다.

이걸 받을 사람들의 표정이 궁금했다. 그래서 빨리 전해주고 싶지만 지금은 부서 내의 분위기를 쇄신할 수 있는 작은 목표가 필요했다.

'그래, 언제 닥칠지 모를 환 위험, 우리가 관리하자!'

유명환 소장의 공개특강이 있는 날.

주제가 재테크에 관한 것이어서일까. 강당 안은 직장인들은 물론 나이 지긋한 50대 남성들과 여자들도 많이 눈에 띄었다. 이들도 저마다 소박한 꿈을 안고 이 자리에 온 사람들일 것이다. 주식이든 부동산이든 그동안 몰라서 당했던 손실을 만회하기 위한 재도전일 수도 있고, 더 나은 내일을 준비하기 위해 공부하러 온 사람들이 강당을 가득 메웠다.

자료집을 받아들고 홍 대리는 앞쪽에 자리를 잡았다.

'문 부장님이 안 오시네.'

홍 대리는 몸이 안 좋으신 건 아닌지 걱정도 되고 섭섭하기도 해서 자꾸 돌아보았다.

그러던 중 벌써 강의가 시작되었다. 유 소장이 연단으로 올라왔다. 오늘따라 유 소장은 더 젊어 보였다. 아마도 강당을 가득 메운 청중들 때문에 에너지가 생긴 것 같았다.

유 소장이 밝게 웃으며 말했다.

"여러분 모두, 주식 좀 해보셨죠? 어때요. 많이들 버셨습니까?"

"아~니요."

사람들은 약속이나 한 듯 한 목소리를 냈다. 강당엔 웃음소리가 퍼졌다.

"그렇죠. 여러분 잘못이 아닙니다. 원래 주식시장은 일반인이 이길 수 없는 장입니다. 여러분만 모르고 있었던 거지요."

다시 강당 안이 술렁이기 시작했다.

"대다수 주식쟁이나 증권전문가들은 개인이 시장을 이길 것으로 오해하고 있지만, 일반인이 시장을 이길 수 없다는 것은 자본주의 역사를 통해서 입증되었습니다. 정책당국의 금리인하, 또 외환시장 개입 역시 시장을 이길 수 없습니다. 선진국의 사례를 통해서 알 수 있듯이 금융정책 당국이 기준금리를 인하하는 방법으로 부동산가격 하락과 주가지수 하락을 방어하려고 노력했지만, 어떤 정부도 거품이 무너지고 있는 주식시장과 부동산시장 붕괴를 막지 못했고, 외환정책 당국의 시장개입 역시 일시적으로 효과를 거둘 수 있었지만, 중·장기적인 관점에서 보면 시장개입을 하지 않은 것보다 환율상승 폭만 확대시켰을 뿐이라는 통계가 나와 있어요."

유 소장이 밝힌 통계 내역은 1990년대 일본 정책당국의 시장개입과 2007년 9월 이후의 미국금융정책 당국 역시 부동산가격 하락과 주가지수 하락을 막지 못했다는 것을 증명해주었다.

"그럼에도 불구하고 증권전문가들은 왜 주가지수 대세하락기에도 유망종목을 추천할까요? 부동산전문가들은 왜 계속 규제완화를 건의하고 있을까요? 모두 제 밥그릇 챙기기라고 보시면 됩니다."

유 소장의 논지는 신랄했다. 시장은 결코 누구도 예측할 수 없고 이길 수 없기 때문에 돈을 벌려면 대세상승기에 있는 시장을 선점하는 전략으로 접근해야 투자수익률을 올릴 수 있고, 대세하락기에는 먼저 시장을 떠나는 것이 가장 안전하면서 수익률도 높일 수 있다는 것이었다.

주식이나 부동산, 모두 투기성 재화의 성격상 대세상승기에 있는 재화는 언제나 적정한 수준보다 10~20% 정도 상승하는 경향이 있고, 대세하락기에 있는 시장은 적정한 수준보다 오히려 10~20% 이상 하락하는 경향이 있기 때문에 이를 올라타는 전략만이 이길 수 있는 유일한 길이라는 것이다.

청중들은 또 술렁거렸다. 너무도 단순한 전략이라고 생각해서인지 여기저기서 '허허' 소리가 터져 나왔다. 그러나 홍 대리는 한 대 얻어맞은 것 같은 통쾌함을 느꼈다.

'정답도 따로 없고, 전문가란 사람들을 믿어서도 안 된다 이 말씀이지!'

"그러면 어떻게 상승기인지, 하락기인지를 알 수 있냐. 그게 궁금하지요? 그거 알면 누구나 떼돈 벌지요. 사실은 저도 잘 몰라요."

그러나 유 소장이 10년 전 IMF가 올 것을 예측하고, 2007년부터 줄곧 환율 변동과 주식시장, 부동산가격 변동을 예측해온 것을 아는 사람들은 그 말을 믿지 않고 귀를 기울였다. 유 소장은 주식시장과 외환시장이 밀접한 관련이 있다는 것, 특히 한국처럼 산업구조가 수출지향적이고, 외국인 주식투자 비중이 높은 나라에서는 환율이 금리보다 더 크게 주가지수 변동요인이 되고, 주가지수 역시 환율 변동 요인으로 작용하게 된다는 요지로 어느 정도 예측이 가능하다고 했다.

"수출기업은 환율이 높을수록 원화로 환산한 기업이익이 증가하는 경향이 있고, 기업이익이 증가하면 주가상승 요인으로 작용합니다. 외국인 투자자들이 환차익을 기대하고 투자규모를 늘리면 주식에 대한 수요가 증가하기 때문에 주가는 상승하고 환율은 하락하지요. 따라서 외국인 투자자들은 주식시장과 외환시장에서 모두 시세차익을 기대할 수 있고 시중 통화량도 증가해 주가지수는 더욱 상승하는 경향이 있어요.

반대로 환율수준이 낮으면, 즉 원화가 강세를 보이면 수출기업의 이익이 감소하니까 주가가 하락하는 요인이 되는 겁니다. 이렇게 되면 외국인 투자자들은 환율이 상승하고, 주가지수는 하락할 것이라고 생각하고 가지고 있는 주식을 처분해서 자기 나라로 보내겠죠. 그러면 시중 유동성 감소와 함께 주가가 하락하게 되는 것입니다. 이럴 때 우리는 어떻게 해야 할까요?"

강당 안은 무거운 침묵이 흘렀다. 유 소장은 다시 말을 이었다.

"미국 달러 가치가 하락하면서 한국경제는 매우 불리해졌지요. 국제 원유가가 올랐잖아요. 특히 일본 엔화까지 오르고 있습니다. 이게 문제예요."

은행들이 일본의 낮은 금리를 이용해서 엔화를 빌려다가 세계증시에 직접투자를 한다. 그러다보니 엔화표시 대출을 받은 기업은 엔화가 강세로 반전되면 환차손이 발생하는 동시에, 유가상승까지 겹치니까 이익은 떨어지게 된다. 그러면 다시 주가가 떨어지고, 더 떨어지기 전에 팔려고 적극적으로 매도하다보니 주가가 폭락할 수밖에 없지 않겠느냐는 것이었다.

또한, 외국인 투자자들은 미국의 부동산 경기침체에 따른 서브프라임 사태[31] 이후 투자손실이 눈덩이처럼 불어나자, 한국도 경제 전반에 영향을 미칠 것을 우려, 위험자산[32]인 주식투자 비중을 줄이고 있다고 했다.

유 소장은 대부분의 부동산 투자자들은 외환시장과 부동산시장은 관계가 없는 것으로 알고 있지만, 외환시장과 부동산시장은 **시장금리**[33]와 **실질국민소득**[34]을 매개변수로 매우 밀접한 상관관계를 가지고 있다고 강조했다.

"일반적으로 환율이 오르면 물가가 오르고, 물가가 오르면 근로자의 실질소득은 줄어들지요. 또 환율이 오르면 외화에 대한 수요가 늘면서 시중 유동성이 한국은행으로 흡수됩니다. 그러면 시중 자금경색 현상이 나타날 수 있고, 시장(대출)금리도 함께 오릅니다. 2007년 하반기 이후 미국 부동산 거품 붕괴과정에서 알 수 있듯이 금융정책 당국이 부동산 가격하락을 억제하기 위해 기준금리를 당시 5.25%에서 2.0%로 인하했어요. 그러나 시중 자금이 국제 원자재시장으로 들어와서 원자재 가격급등 및 미국 달러 가치하락(유로 가치상승)으로 부채가 많은 미국 가계의 실질소득 감소 때문에 하락하고 있는 주택 가격이 더욱 하락세를 타기도 했죠."

1990년대 중반 일본의 부동산 거품 붕괴과정에서도 부동산 가격이 0~25% 이상 하락하는 순간 엔/달러 환율은 당시 달러당 80엔대 수준에서 1년 만에 30%까지 급등했고, 환율상승이 부메랑이 되어 예상보다 큰 폭의 부동산 가격하락 압력으로 작용하기도 했다는 설명을 덧붙였다.

특강이 끝났다. 쉽지 않은 내용이었지만 이해 못할 수준은 아니었다. 홍 대리가 방금 들은 내용을 정리하느라 자리에 계속 앉아 있는데 뒤쪽에서 홍 대리를 부르는 소리가 들렸다. 문 부장과 구매부 직원, 그리고 안면이 있는 계약직 사원이 함께 있었다. 그런데 강 차장은 보이지 않았다.

"홍 대리, 잘 있었나?"

"오랜만입니다. 부장님, 그동안 건강하셨죠?"

"그래. 자네 요즘 제안서 건으로 열심이라지. 실은 말야……."

문 부장은 얘기를 하려다가 말았다. 뭔가 망설이고 있는 것처럼 보였다.

"부장님, 시간 괜찮으시면 저녁에 술 한 잔 하시죠. 드릴 말씀도 있고……."

"그러지. 그럼 있다 보지. 오늘 강의 아주 좋았네."

홍 대리도 근무시간에 잠깐 나왔던 터라 문 부장과 헤어진 후 유 소장에게 인사만 하고 사무실로 돌아와 오늘 들은 내용의 요점을 정리했다.

A4용지 1페이지 정도의 특강요약문을 그야말로 순식간에 써 내려갔다. 전혀 자료를 보지 않았는데도 유 소장의 강연 내용이 생생하게 기억 나 일목요연하게 정리할 수 있었다. 무엇보다도 경제에 대해, 부동산이나 주식투자에 대해 막연했던 개념들이 쉽게 정리되었다. 대세상승기의 초입에 시장에 들어가는 것, 그것이 핵심이다.

'외화예금, 외화대출의 특성을 알고 변화추세를 아는 게 필요하다. 주식이나 부동산은 뚜렷한 하락기, 상승기가 있으므로 이때를 이용하든지 반대 기미가 보이면 재빨리 빠져나와라. 환율 상승, 하락의 거시지표를 분석하는 눈을 가져라'는 요지와 함께 감사 메일을 엽기녀에게 보냈다. 공개특강을 듣는 게 미션은 아

니었지만 언제나 자신을 배려해주는 엽기녀에게 답례를 하고
싶었다.

알짜 회사를 살려라

그날 저녁, 태산전자 근처 조용한 일식집에 문 부장과 구매부 직원들이 홍 대리를 기다리고 있었다. 조현이와 고은주, 김 주임이 함께 왔고 강 차장은 보이지 않았다. 김병수는 아직 중국 파견에서 돌아오지 않은 모양이다.

"다들 먼저 와 계시네요."

"어! 홍 대리. 어서 와, 앉게."

문 부장이 홍 대리를 반갑게 맞으며 부원들에게 술을 한 잔씩 따라주었다.

"저…… 부장님은 인생의 목표가 뭐라고 생각하십니까?"

"거창하게 무슨 인생의 목표씩이나……."

"아! 가을이라서 그런가 왠지 마음이 뒤숭숭해서요……."

고은주가 말끝을 흐렸다.

"올해는 회사에 참 많은 일들이 있었죠? 개인적으로도 그렇고."

"나도 그러네. 이렇게 회사를 나오게 될 줄 몰랐다네."

"부장님, 무슨 그런 말씀을 다 하세요? 회사도 조금씩 나아지고 있는데……."

조현이가 놀란 표정으로 문 부장을 바라보며 말했다.

"아냐. 진작 정리했어야 했는데 얽힌 일들 마무리라도 짓고 연말에 정리하려고 차일피일 하고 있었네."

"절대로 부장님 잘못만은 아니라는 거 아시잖아요?"

평소 문 부장을 따르던 막내 고은주도 안타까운 목소리로 거들었다.

"그래도 염치가 없는 놈이지. 처음 일이 터졌을 때만 해도 일이 이렇게까지 커질 줄은 몰랐네. 앞으로가 더 문제야. 사장님 뵐 면목도 없고 가슴만 답답해."

"전 부장님의 브라더 리더십을 존경하는데요?"

처음 들어보는 홍 대리의 말에 문 부장은 의아하다는 표정으로 쳐다보았다.

"브라더 리더십?"

"예. 큰형님처럼 언제나 따뜻이 감싸주시고 궂은일은 뒤에서 맡아서 다 해주시잖아요."

"맞아요, 브라더 리더십!"

홍 대리의 말에 조현이와 고은주가 맞장구를 쳤다.

"예끼, 칭찬인가 욕인가. 지금 우리 회사는 능력 있는 사람이 필요해. 나 같은 사람 말고."

"부장님의 인맥이야말로 우리 회사의 큰 자산이죠."

사실 태산전자에서 문현덕 부장은 그야말로 덕장이었다. 단지 사람만 좋은 것이 아니라 다양한 인맥들을 회사에 소개해줘 지방 영업망 확장에도 기여했다. 임원들도 그걸 알기 때문에 대놓고 문 부장에게 책임을 지라고 할 수 없었다.

"부장님, 저는 인생의 목표를 열정으로 정했습니다!"

"열정이라…… 참 좋군."

"실은 그 열정에 부장님의 도움이 절실합니다. 이번에 제안서 팀을 만들려고 하거든요. 목표는 태산전자 살리기 제안서 작성과 사내 외환관리 시스템개발입니다!"

"허허. 고맙네, 홍 대리. 그런데 난 빼주게. 몸도 정말 안 좋아졌어."

"부장님의 병은…… 심리적인 것 아닙니까?"

"그럴지도 모르지."

"아침 뉴스 보셨어요? 신신SDS가 낸 키코 효력정지 가처분신청이 법원에서 받아들여졌다는…… 우리 회사는 더 승산이 있습니다. 자료를 보니 은행에서 규정 수수료보다 터무니없이 더 많이 챙긴 부분도 있더라고요."

"어휴, 나쁜 놈들, 수수료 없는 제로코스트 상품이라고 그렇게 강조하더니……."

조현이가 발끈했다.

"그런데 더 나쁜 놈들은 오히려 은행 뒤에 숨어 있는지도 모른다구요."

홍 대리는 부동산시장 침체로 주택담보대출 수익이 뚝 떨어지자 은행들이 수익을 올리기 위해 키코 상품을 적극적으로 판매한 것도 있지만, 그 뒤에는 우리나라 금융시장의 약점과 취약한 외환시장을 상대로 빨대를 댄 더 악랄한 외국계 투자은행들의 음모라는 이야기가 파다하다는 말을 했다.

"멋져요, 홍 대리님. 제안서팀에 저도 꼭 끼워주세요."

고은주가 애교 섞인 목소리로 홍 대리의 팔짱을 끼며 말했다.

"제안서팀이라? 그래, 이대로 넋 놓고 있어도 되나 늘 걸렸는데 홍 대리 자네가 이렇게 나서주니…… 어디 한번 부딪쳐보세나. 나도 힘닿는 데까지 돕겠네."

"감사합니다. 참 전에 부장님 친구분 중에도 피해 본 분들이 있다고 하셨죠? 이번에 함께 연대소송을 하면 승산이 더 높을 것 같은데요."

홍 대리 말에 문 부장이 고개를 끄덕였다.

"예, 좋습니다. 자 그럼 지금부터 우리 태산전자 살리기 제안서팀이 가동되겠습니다. 박수!"

"짝짝짝"

홍 대리는 준비해온 환율노트를 하나씩 나눠주었다.

"와, 어느 사이에 이런 것도 만드시고…… 이제 보니 홍 대리님, 능력자세요."

홍 대리는 김병수가 중국 가 있는 사이 구매부에 새로 합류한 김 주임의 말이 싫지만은 않았다. 정말 능력 있는 환율전문가가 되고 싶었다.

마침내 팀이 구성되었다. 이제 태산전자 살리기 제안서 작성에 박차를 가해야 한다. 홍 대리는 스터디를 통해 부서원 전체의 의견을 듣고 정보를 공유하는 것이 무엇보다 중요하다고 생각했다. 그러려면 함께 집중적으로 작업할 공간과 시간이 필요했다.

홍 대리의 이야기를 듣고 문 부장이 장소문제를 쉽게 해결해주었다. 친구가 양평에 작은 별장을 가지고 있는데 언제든지 써도 괜찮다며 문 부장에게 열쇠까지 맡기고 미국에 가 있다는 것이었다.

"야호! 우리 별장에 가는 거예요?"

조현이는 소리를 지르며 좋아했다. 오랜만에 시외로 나간다니 답답했던 마음이 다 뚫리는 것 같다며 호들갑이다.

"'태산전자 살리기 세미나의 밤'이라고 제목도 정해요, 우리."

얼떨결에 모두들 좋다고 동의하고 10월 마지막 주말로 날짜를 정했다. 모든 일이 순조롭게 진행되는 것 같아 홍 대리는 마음이 놓였다.

네 번째 미션
– 태산전자 살리기 제안서 작성

　토요일 오후. 홍 대리와 문 부장, 조현이, 고은주, 그리고 김 주임까지 제안서팀이 모두 모여 양평으로 출발했다.

　양평군 강하면 전수리란 곳에 있는 문 부장 친구의 별장은 동네 뒷산 중턱쯤에 있는 자그마한 2층 벽돌집이었다. 아래층에는 넓은 거실에 함께 붙어 있는 부엌이 있고 1, 2층에 각각 방이 두 개씩 있어 여섯 사람이 함께 보내는데 전혀 불편함이 없을 듯했다.

　문 부장이 관리인에게 미리 부탁했는지 실내는 따뜻했고 넓은 창을 통해 보이는 가을 정경은 넋을 잃고 한참을 바라보게 만들었다. 멀리 남한강이 그림처럼 펼쳐졌다.

　이런 곳에 별장을 가지고 미국을 오가며 살고 있는 이 집 주인이 홍 대리는 한없이 부러웠다. 지금껏 별 욕심 없이 살았던 홍 대리는 처음으로 여유로운 생활에 대해 욕심이 생겼다.

"홍 대리, 뭘 그리 생각하나?"

"부장님 친구분이 부러워서요."

"그 친구 돈이 많은 사람은 아니야. 전원생활이 좋아서 이 집을 지었는데 부인이 아이들을 데리고 조기유학을 떠나는 바람에 기러기아빠 신세가 되었지."

"아무튼 저도 언젠가 이런 곳에 집을 갖고 싶군요."

"그래, 나도 서울생활이 지겨울 때가 있어. 전원생활이 요즘처럼 절실할 때도 없었지."

"정신 바짝 차려야 할 것 같아요."

"자네야 아직 젊으니까 기회가 많이 있겠지."

"뭘요…… 부장님도 아직 창창하시죠."

문 부장과 홍 대리가 이야기를 나누는 사이에 밖에 나갔다 들어온 다른 직원들이 식사 준비를 하기 시작했다. MT라도 온 것처럼 직원들은 웃고 떠들며 즐겁게 식사 준비를 했다.

그런데 홍 대리는 마음이 조금 무거웠다. 오늘 제안서를 얼마나 진전시킬 수 있을지 걱정되었다. 너무 들뜬 나머지 꼭 해야 할 일이 뒷전으로 밀릴까봐 스스로 다시 다짐을 했다.

'놀 땐 놀고, 일할 땐 일하자!'

홍 대리는 가방 속에서 파일을 꺼냈다. '태산전자 위기돌파와 외환관리 시스템개발 기획안'이라는 제목 아래 문제분석과 워크

플랜을 세워가는 과정이 도표형식으로 작성되어 있는 자료였다. 그리고 토론 내용에 대한 메모가 한 장 더 있었다.

우리의 문제가 무엇인가를 충분히 토론하도록 할 것(이슈트리를 만들어 구체적으로), 그 원인을 구체적으로 작성할 것(하드웨어, 소프트웨어), 우리 힘으로 해결 가능한 것과 불가능한 것을 구별하여 작성할 것(아웃소싱, 의뢰), 전 부서원이 참여하도록 할 것(조사, 분석자 명시), 날짜를 잡아 임원들 앞에서 프레젠테이션 할 수 있도록 할 것 등이었다. 이 밖에 세미나에서 쓸 준비물 등이 적힌 메모도 있었다.

조현이가 준비해온 밑반찬에 된장국과 불고기로 즐겁게 저녁 식사를 마치고 잠시 휴식을 한 후, 홍 대리는 어젯밤에 만든 페이퍼를 한 장씩 나누어주었다.

"자, 우리 오늘 여기 놀러 온 것 아니지요?"

"홍 대리님, 어느 새 이런 걸 준비하셨어요?"

고은주가 놀란 눈으로 홍 대리를 바라보았다. 문 부장은 아무 말 없이 자료를 보았다.

"'준비'하면 홍 준비 아닙니까."

"그런데 오늘밤에 프레젠테이션까지 다 해야 해요?"

"진도 나가는 것 보고……."

조현이는 마음이 콩밭에 가 있는 것 같았다.

"여기 부장님도 계십니다만 우리 모두 태산전자의 한 가족이니까 오늘은 허심탄회하게 회사문제를 얘기해봅시다. 우리가 제안서를 작성하기 위해 할 일이 무엇인지. 그게 결정되면 언제, 어떻게 할 것인지까지 토론했으면 좋겠습니다."

"제가 먼저 한마디하지요."

"네. 부장님께서 먼저 말씀해주시죠!"

문 부장은 무겁게 입을 떼었다.

"정말 고맙습니다. 사실 얼마 전까지만 해도 회사를 정리해야겠다는 생각만 하고 있었는데, 여러분들의 격려 덕분에, 특히 홍 대리가 열정적으로 일하는 모습을 보며 마음을 바꾸기로 했습니다. 나도 이대로 주저앉지 않고 뭔가 회사발전에 기여해야겠다는 생각이 들었습니다. 간절히 원하면 이루어진다는 말이 있지요. 자, 우리 태산을 위해 다 같이 힘을 모읍시다. 파이팅!"

"짝짝짝!"

그리고 문 부장은 오늘 밤, 열심히 토론해서 훌륭한 제안서를 만들자고 덧붙였다.

홍 대리는 순간 콧등이 시큰해졌다. 자신의 진심을 알아주는 문 부장이 고맙고, 무엇보다도 부장의 마음을 돌릴 수 있었다는 데 말할 수 없이 기쁨을 느꼈다. 문 부장의 적극적인 관심과 협력만 있으면 외환관리 시스템 마련은 이미 절반쯤 성공한 것이라고 생각했다.

홍 대리가 진행을 이어나갔다.

"이 페이퍼는 제가 예전 대학시절에 배운 '문제해결을 위한 체계적인 접근방법'에서 가져온 형식입니다. 간략하게 핵심만 넣었는데 지금 우리가 처한 상황을 철저히 분해해서 가설을 만들어야 해요. 저는 이미 '태산전자의 키코 소송 승소 및 외환관리 시스템은 회사 재무 정상화에 기여할 것이다'라는 가설을 세웠습니다만, 현실성 있는 기획안이 되기 위해서 여러분의 도움이 필요합니다. 작업계획은 표를 보시면 금방 아실 거예요. 누가 맡아서 어느 부분을 연구하고 조사해나갈지를 정하고, 결론이 나오면 또 만나서 프레젠테이션 자료를 만들기로 하지요. 어때요, 어렵나요?"

"아니요. 재미있을 것 같아요."

"그래요. 재미있게 토론해봅시다."

"정말 일할 맛 나는데요."

이날 밤 세미나는 홍 대리가 구매부서로 온 이후에 가진 어느 회의보다도 진지했고, 그리고 많은 대화들을 나눌 수 있었다. 이미 홍 대리의 환율노트를 읽어온 조현이와 고은주, 그리고 김 주임까지도 이야기를 이어가는 데 전혀 어려움이 없었다.

"우선 수출회사인 태산전자가 왜 지난해 환 손실을 입게 되었는지부터 짚어볼까요?"

홍 대리의 질문에 김 주임, 조현이, 고은주가 한마디씩 했다.

"그거야 키코 계약을 잘못해서지요."

"예상치 못한 환율 변동 때문이요. 오를 거라 생각 안 했는데 환율이 올라버렸잖아요?"

"환율 변동폭이 컸기 때문이지요. 최고점과 최저점이 한 해 동안 너무 크게 오르내린 게 문제예요."

"맞습니다. 그럼 그 원인이 어디에 있을까요?"

홍 대리가 방금 말을 끝낸 김 주임을 바라보았다.

"그것까진 잘 모르겠고, 우리나라는 언제나 외환 사정이 불안한 거 같아요. 중국처럼 기업들이 수출을 많이 해서 달러가 넉넉해지면 좀 낫지 않을까요?"

홍 대리의 질문에 자신이 없는 듯 김 주임이 조심스럽게 말했다.

"중국도 환율 때문에 말이 많잖아요. 위안화 절상하라고 미국이 난리잖아요?"

고은주가 눈빛을 반짝이며 아는 체를 했다. 이번 엠티를 위해 이틀 밤을 꼬박 환율노트를 붙들고 씨름했단다.

"나처럼 문외한이 중책을 맡고 있어서 그런 거야."

"하하, 부장님두 참. 자, 또 다른 원인을 찾아봅시다."

문 부장의 의기소침한 말에 홍 대리는 너털웃음을 지었다.

"저는 이렇게 생각해요. 환율 변동이 심하더라도 그것을 잘 예측해 손실을 피할 수 있는 방법이 있었을 텐데 그걸 잘 못해서일 거예요."

조현이가 야무지게 대답했다.

"조현이 씨 공부 열심히 했네. 자, 이제 제안서 작성을 위한 가설을 세워봅시다."

"가설이요? 어떻게……."

"문제점을 파악하고 그 문제를 개선해나가면 어떤 결과가 나올 거라는 가설이요."

"아, 그래…… '환율 변동이 심하더라도 그것을 잘 예측해 손실을 피할 수 있는 방법을 안다면 손해를 안 본다'가 되겠구만."

듣고만 있던 문 부장이 홍 대리의 말에 한마디 거들었다.

"근데 세계로 쭉쭉 뻗어나가는 우리나라 기업들이 그걸 몰라서 다들 그 큰 손실을 입었을까요?"

고은주가 의아하다는 듯 물었다.

"도적질을 당하려면 개도 안 짖는다잖아. 우리가 당한 거지. 도적들한테."

예상보다 더 적극적이고 열띤 토론에 홍 대리는 흡족했다.

"아무튼 가설은 이렇게 해요. '태산전자의 외환관리 시스템으로 환 위험을 미리 알고 예방할 수 있을 것이다.' 어때요?"

역시 야무진 조현이가 실마리를 잘 풀어갔다.

"자, 이제 여러분이 가설을 세웠으니 저는 그대로 수용하겠습니다. 이제 그 가설이 타당한가를 검증해보고, 어떻게 결론으로 이끌어낼 것인가 방법을 찾아야겠죠?"

"그러네요."

"페이퍼를 다시 한 번 보세요. 하드웨어, 소프트웨어라고 나눠져 있죠. 환 관리에 대한 인프라를 분석해보자는 것입니다."

"분석하고 말 것도 없이 제로네요. 인프라가 전혀 없으니 외부 전문가들 말에 의존한 게 아닌가요?"

조현이의 정곡을 찌르는 말에 문 부장이 맞장구를 쳐주었다.

"그래 맞아. 대기업이나 수출전문회사엔 외환관리사가 다 있지. 그래서 이번 키코 피해만 해도 대기업은 하나도 없다지 않아? 전부 중소기업들이지."

"오늘 여기서 나온 얘기가 환 위험관리를 잘못해서 손실을 보았다, 은행에 맡겼는데 은행이 잘못했다 하는데, 그럼 과연 잘할 수 있는 사람이 어디에 있을까요? 만약 여러분 중 누가 이걸 맡는다면 잘할 수 있을까요? 우리의 현실이니까 적나라하게 얘기해봅시다."

"난 못해."

"저도요."

"부장님이시면 하실 수 있지 않을까요?"

"예끼, 이 사람."

홍 대리의 뜻밖의 말에 다들 한 발 뺐다.

"유감스럽지만 환 위험관리는 누구도 장담하지 못한답니다. 최근 우리 회사 일에도 조언해주고 계시는 유명환 소장님 말에 따르면 지금까지 환 위험관리는 안 하니만 못할 때가 더 많았다고 합니다."

홍 대리가 팀원들을 안심시키려는 듯 빙긋 웃으며 이야기를 끌어갔다.

"그럼, 무엇 때문에 이런 토론을 하죠?"

걱정스러운 듯 조현이가 물었다.

"역설적으로 그렇기 때문에 더 환 위험관리를 잘 해야 한다, 즉 환율예측 능력을 높여야 한다고나 할까요?"

"무슨 의미인지 알 것 같아요."

조현이가 고개를 끄덕였다.

"자, 다시 페이퍼를 봐주세요. 지금 우리는 태산전자의 환 위험관리 시스템을 만들기 위한 회사 내 인프라를 분석해보았고, 취약한 정도가 아니라 거의 전무했다는 것을 확인했지요. 그리고 누구라도 환 위험관리에 성공하기가 어렵다는 얘기를 했습니다. 왜냐하면 환율 변동의 특성 자체가 미리 예측하기가 어렵기 때문입니다. 그래서 흔히 환율은 대응을 잘 해야 한다고들 하죠."

"어떻게요?"

"우선 시스템을 만들려면 프로그램이 있어야 합니다. 그 프로그램에 들어갈 내용은 어떻게 해야 할까요?"

"프로그램이라니요?"

"회사가 맞닥뜨릴 수 있는 환 위험의 유형을 다 프로그램에 넣어야 그에 맞춰 하나하나 대응할 수 있다는 뜻입니다. 유 소장님 연구소에 회사의 상시 외환상황과 환율의 변화를 조합해 재무구조를 한눈에 볼 수 있는 외환관리 시스템을 개발하는 분이 있다고 합니다. 그분께도 도움을 받기로 했는데, 도움을 받기 전에 이런 내용을 논의해봐야 할 것 같아서요."

"아~"

이야기가 본론에 이르자 다들 더 진지해졌다.

"환 위험을 적절하게 관리하기 위해서는 외환거래의 규모와 시기를 유형별로 파악할 필요가 있는데, 일반적으로 기업들이 당하는 환 위험의 유형은 네 가지입니다."

홍 대리는 기업들이 당하는 환 위험의 네 가지 유형을 하나하나 설명해나갔다.

첫째는 무역거래(수출과 수입)에서 계약시점과 실제 거래시점 사이의 환율차이로 인해 환차손이 발생하는 것이고(거래위험), 둘째는 외화자산 및 부채를 현재의 환율로 평가했을 때 외화자산과 부채발생시점이 달라지는 경우(환산위험), 셋째로는 환율 변화로 인해 기업이 생산원가 및 판매가격, 매출 등이 변함으로써 미래의 현금흐름과 기업의 수익이 달라지는 경우(경제적 위험), 그리고 넷째, 외화자산 및 부채에 대한 평가기준이 변경되는 것에 의해서도 환 위험이 발생한다(평가위험)는 것이다.

"결국 키코 계약은 평상시에 일어날 수 있는 환 위험의 밖에 있는 것인데요. 아마도 거래위험을 회피하려는 목적으로 가입한 헤지상품에 과도한 레버리지를 사용하다 더 큰 손실을 본 경우라고 해야겠지요. 이 경우도 프로그램에 넣어야 할까요? 헤지상품에 대한 또 다른 헤지가 가능할지 전문가한테 물어봐야겠어요."

고은주가 질문이 있는지 손을 들며 말했다.

"기업에서 환 관리는 손실방지만 목적으로 할까요? 제가 알기로는 환율이 오르기 전에는 기업들이 키코로도 외화를 많이 벌었다고 하던데요."

중요한 질문이었다. 어떻게 보면 핵심은 여기에 있을지도 몰랐다.

"아주 좋은 질문이에요. 기업은 환 위험관리의 목적을 환차익의 최대화에 둘 것인지, 환차손의 최소화에 둘 것인지 명확하게 설정해야 한다고 합니다. 여러분은 어떻게 생각하세요?"

이때 문 부장이 뭔가가 생각났다는 표정으로 홍 대리에게 물었다.

"언젠가 직원이 외환투자하다가 문 닫기 직전까지 갔던 은행이 있었는데…… 어디였지? 광주은행이었던가?"

"예, 부장님. 광주은행이었죠. 또 영국 황실에서 돈을 맡기던 233년 전통의 베어링은행은 한 새파란 직원의 파생상품 투기 실패로 네덜란드 ING그룹에 단돈 1파운드에 매각되기도 했고요. 은행은 그들이 목적을 환차익 극대화에 둔다면 떼돈을 벌든 망하든 어쩔 수가 없는데 기업은 그게 아니라는 거죠."

"당연히 환차손의 최소화에 둬야겠구만."

"맞습니다. 만약 외환전문가를 둘 처지가 아니라면 환차손을 최소화하는 데 역점을 두는 전략이 당연하겠죠. 그러려면 외화예금이나 환율연동펀드 같은 것을 들고요."

아까부터 고개를 갸웃갸웃 하던 김 주임이 말했다.

"자라 보고 놀란 가슴 솥뚜껑 보고 놀란다고 너무 환 위험관리를 위축시키는 건 아닐까요?"

일리가 있다는 듯 고개를 끄덕이며 홍 대리가 말했다.

"그래서 환전문가의 역할이 중요한 겁니다. 일 년에 수십억 원, 심지어는 수백억 원 이상의 외화를 거래하면서도 회사 경영자나 간부들이 환율 변동에 무지하고 정작 회사 내에 환율 관련 전문 인력이 없는 게 오늘날 우리나라 기업들의 현실입니다."

조현이가 박수를 두 번 치더니 마무리 멘트를 날렸다.

"자, 그럼 이제 결론은 나왔네요. 우리 회사가 외환관리에 너무 무지했다. 그걸 다 찾아 프로그램으로 만들면 되겠어요."

"헐~ 현이 선배, 지금 그걸 다 찾자고요? 우리 좀 쉬었다 하면 안 될까요?"

"그래요. 이제 한 잔 합시다. 오늘만 날이 아니니까."

토론에 열중하다보니 어느새 자정을 넘기고 있었다. 홍 대리는 사실 시간이 이렇게 많이 흘렀는지도 몰랐다. 황금 같은 주말을 내준 직원들에게 홍 대리는 갑자기 미안해졌다.

어차피 한꺼번에 프로그램을 짤 수는 없었다. 어느 정도 세미나의 목표는 이루었다. 홍 대리가 먼저 분위기를 바꾸며 술 한 잔씩을 돌렸다.

"아, 정말 감사하고 미안해요. 제가 한 잔씩 올리지요."

그때 조현이가 술을 받으며 말했다.

"자, 그럼 한 잔씩 하시면서 정리한 내용들 한번 들어주세요."

역시 똑부러진 조현이였다.

1. 태산전자는 현재도 키코 계약이 진행형인 만큼 위기를 벗어났다고 볼 수 없다.
2. 기 손실액과 추후발생 손실액을 정확히 파악하여 위험회피 수단을 다각도로 마련한다.
3. 사원들의 외환에 대한 무지 또한 주요한 원인으로 평소 학습기회를 주어 환관리 요령을 습득하도록 한다.
4. 전문적인 외환컨설팅 업체와 제휴, 환 위험관리 전산시스템을 구축한다.
5. 사원들의 사기저하는 물질적인 손실 못지않게 부정적인 영향을 미침으로 하루빨리 회사의 비전이 제시되어야 한다.

조현이가 정리를 마치자 모두 힘차게 박수를 쳤다. 문 부장은 많이 피곤했는지 이 내용을 제안서로 만들어서 제출하자는 말을 하고 먼저 2층으로 올라갔다.

'됐다!'

홍 대리는 안도의 한숨을 내쉬며 살며시 문을 열고 밖으로 나왔다. 밤바람이 차가웠지만 따뜻한 방에 있다 나와서인지 오히려 기분 좋은 바람이었다.

머리 위로 별들이 유난히 가깝게 떠 있는 양평의 어느 산자락에서 홍 대리는 그간 가슴 깊숙한 곳에 쌓이고 쌓였던 상처와 고통들을 꺼내어 하나씩 날려 보냈다. 직원들은 화기애애한 분위기 속에서 떠들썩하게 이야기를 나누었다. 그 소리가 정겹게 들려왔다.

주사위는 던져졌다

본사 차원에서 추진한 '태산전자의 현안과 위기돌파' 제안서 공모가 마감되었다. 홍 대리는 자신이 주축이 되어 팀원들과 함께 써낸 제안서를 떠올려보았다. 〈환율아 놀자〉 카페를 통해 공부하면서 처음 힌트를 얻었고 엽기녀, 유 소장, 그리고 직원들과 밤샘 세미나까지 거쳐 마련한 땀과 열정의 산물이었다. 특히 항상 격려의 말을 건네주며 유용한 미션을 내준 엽기녀의 도움이 제일 컸다.

제안서에서는 키코 계약 무효소송을 통해 회사의 채무부담을 덜고 오히려 보상을 청구할 수 있으며, 차후 같은 일이 발생하지 않도록 회사 차원의 외환관리 시스템을 구축해야함을 피력했다. 방송에서는 소송을 제기한 피해기업 중 몇 회사가 1심에서 이겼다는 보도가 있었다. 그러나 보상까지 받을 수 있을지는 미지수였다. 명석에게 은행들이 가만히 앉아서 당하고 있지만은 않을 거라는 말이 나돈다는 말도 들었다.

홍 대리 역시 '그럼 금융관계에서 계약은 왜 하는가, 계약서 내용이야말로 어떤 이유보다도 확실한 증거 아닐까'란 생각도 들었다. 그러나 앉아서 꼼짝없이 수억 달러의 손실금을 물어낼 수는 없는 일이었다. 무엇보다도 당장 비싼 환율로 달러를 사서 갚을 여력이 태산전자에는 없었다.

홍 대리는 그 사이에 회사에 대한 애정이 커졌음을 깨달았다. 조직체가 결속되려면 구성원 한 사람 한 사람이 희생정신으로, 열정으로 무장돼 있어야 한다는 걸 알게 되었다. 그것을 홍 대리는 비록 작은 모임이지만 〈환율아 놀자〉라는 카페를 통해서 보았다.

며칠 후, 마침 회사에 볼 일이 있어 갔다가 인사하러 구매부에 잠깐 들렀다. 그때 마침, 강 차장이 들어왔다.

"홍 대리가 냈다는 제안서, 그거 직접 쓴 거야?"

"구매팀 분들하고 함께 만든 겁니다."

"말은 그럴 듯한데…… 그게 가능하다고 생각해?"

"일단 피해 본 다른 회사들도 있으니까 연대해서 싸워봐야 하지 않을까요?"

"뭐? 연대?"

"그래야 힘도 더 생기고 여론이 따라줄 테니까요."

"여론 좋아하시네. 이런 경우라면 난 차라리 조용히 은행과 협상을 하겠어. 그게 몇 푼이라도 건질 수 있는 방안이지. 또 막말로 앞으로 은행거래 안 할 거야?"

"그보다는 명분에 입각해서…"

"명분? 생각도 없이 가입해놓고 책임을 따지는 게 명분인가?"

"지금 강 차장님은 누구 편입니까?"

"말이야 바른 말이지. 환율이 떨어졌다고 생각해봐. 얼씨구나, 좋다 하고 당장 차익 찾다 회사수익금으로 챙기고 누군 엄청 포상받고 좋아했겠지. 안 그래?"

강 차장은 또 화살을 문 부장에게 돌렸다. 강한 사람에게는 굽실거리고, 약한 사람은 사정없이 짓밟는 강 차장의 비열함을 모르는 건 아니지만 홍 대리는 새삼 치가 떨렸다.

"잘 가셔."

말 없이 사무실을 나가는 홍 대리에게 강 차장이 비꼬며 인사했다.

제안서를 제출한 지 열흘이 지난 어느 날, 임원진 회의에 다녀온 문 부장은 환하게 웃으며 사무실로 들어왔다.

"여러분, 기쁜 소식입니다. 우리 구매팀의 제안서가 임원진 회의에서 1차로 채택되었습니다. 다들 수고 많았습니다."

"와, 부장님, 정말이에요? 홍 대리님께 알려야겠어요. 이게 다 홍 대리님 덕분이잖아요."

"구매팀 제안서를 검토한 임원들 모두 크게 기대하는 분위기야. 조만간 프레젠테이션을 준비해달라고 하더군."

드디어 프레젠테이션 날짜가 잡혔다. 자료를 만드는 일은 별로 어렵지 않았다. 제안서 내용을 파워포인트로 보기 좋게 편집만 하면 끝이었다. 회사의 상시 외환상황과 환율변화를 조합해 재무구조를 한눈에 볼 수 있는 외환관리 시스템도 유 소장이 소개시켜준 박수민 연구원과 함께 세팅하기로 했다.

박수민 연구원은 사흘 째 태산전자로 출근하다시피 했다. 연구소에서 개발한 외환관리 프로그램에 태산전자의 외환출납 자료들을 입력해 최종적으로 세팅이 완료되면 이를 넘겨주고 사용법을 알려주어야 하기 때문이다.

홍 대리는 박 연구원이 일하는 연구소에 들러 '환 위험관리 절차와 시스템' 개념도를 살펴보았다. 환 위험관리의 기본개념은 '위험'이란 기대하지 않은 사건으로 인한 손실의 가능성으로, 시장위험의 크기는 가격의 변동성과 노출의 크기에 의해 결정된다고 했다.

위험관리의 절차는 전문가의 컨설팅을 거쳐 환 위험 허용한도가 정해지면 헤지기간이라든지 비율을 결정하고 그 효과를 사전에 평가하여 실행하는 것이다. 즉 지금 회사가 가지고 있거나 투자된, 그리고 앞으로 발생할 수 있는 외환자산이 얼마인지를 입력하고 환 변동성을 고려하여 언제, 얼마를 어떻게 헤지하는 것이 보다 효과적인지를 수시로 체크해볼 수 있는 시스템이라고 할 수 있다.

"수민 씨, 잘 부탁합니다. 아무래도 내 머리로는 어려워요."

"걱정하지 마세요. 이 프로그램은 한국외환연구원 서버와 직접 연결되어 외환시장 정보는 물론 예측자료들이 실시간으로 제공되고 있으니까요. 통계학 책을 보면 리스크 측정법이 다 나옵니다. 이 기법을 이용해 1990년대 중반 리스크 측정프로그램을 개발한 게 JP모건 등 미국의 투자은행(IB)들인데요. 프로그램을 설치하고 숫자를 입력하면 자동으로 헤지비율이 계산돼 나오죠. 대기업용 프로그램은 월 이용료가 수천만 원인데 중소기업용은 20~40만 원 정도로 저렴해 이용하는 데 부담도 없어요. 또 적은 인력으로도 활용이 가능하다는 장점이 있고요. 여기 이 프로그램으로 컨설팅한 사례가 보이시죠? 모두들 효과가 크다고 만족해 한답니다."

"정말 뭐라 감사의 말씀을 드려야 할지……"

홍 대리는 많은 사람들의 도움이 미안하기도 하고 고맙기도 했다.

'이제 됐다. 키코 계약으로 인한 기 손실액과 추후발생 손실액이 나오면, 어떻게 해야 할 것인지 전략도 나올 거야. 이 프로그램으로 회사의 위기관리능력과 재무구조가 회복된다면 사원들의 사기가 다시 오르고. 이참에 지속적인 환 위험관리를 위해 발표자료에 외환전문가를 영입하자는 내용, 회사 내에서 외환교육을 실시하자는 내용도 추가해야겠어.'

가장 걱정스러웠던 문제가 풀리고 나니 다른 일들은 일사천리로 진행되었다. 외환컨설팅은 유 소장이 맡아주기로 했고, 사원들을 대상으로 한 정기적인 외환교육은 유 소장과 엽기녀, 그리고 홍 대리가 맡기로 했다. 프레젠테이션은 조현이가 맡는 게 나을 것 같았다. 이번 기회에 승진 욕심이 많은 조현이에게 기회를 주는 것도 나쁘지 않을 것 같았다. 누군가로부터 인정받는다는 느낌, 윗사람의 칭찬 한 마디가 일하고 싶은 열정을 얼마나 많이 불러일으키는지 잘 알기 때문에 조현이에게 더 그 일을 시키고 싶었다. 잠재된 능력을 다 발휘하도록 기회를 주고 싶다.

"축하해요 홍 대리님, 이제 다 끝났어요."

드디어 연구소를 통해 한국외환연구원과 서버사용 계약을 마치고 전산팀 오퍼레이터의 지원으로 회사의 재정상태를 파악할 수 있는 기본자료 입력도 이틀 전에 끝이 났다. 박수민 연구원과 일을 시작한 지 딱 일주일 만이다. 일을 진행해나가면서 홍 대리는 전에 가졌던 이 일에 대한 막연한 두려움이나 걱정이 사라졌다는 걸 느꼈다. 주위에 든든한 지원군들은 자신감을 주었다. 모르는 것은 유 소장은 물론 박 연구원과 한 변호사, 그리고 거기서 안 되면 국내 어느 전문가라도 찾아가 도움을 구하면 될 것이다.

환율은 문 부장이 쓰러지던 3월 6일, 1,597원을 정점으로 등락은 있었으나 내림세로 돌아서 연말께엔 1,200원 아래로 내려섰다. 회사가 문을 닫지 않고 지금까지 버텨온 게 오히려 기적 같았다. 홍 대리가 그 사이에 깨닫게 된 환율이란 마치 사람의 심장과 같았다. 1년 열두 달 하루 24시간 잠시도 쉬지 않고 팔딱팔딱 거리는 것, 움직이지 않으면 이상증세다. 앞으로도 환율은 계속 오르락내리락 할 것이다. IMF 때나 지난해 초 같은 큰 폭은 아니더라도 조그만 외부의 충격에도 반응하고 금리나 부동산이나 원자재 등의 수급과 연결되어 아래위로 출렁거리며 가정이나 기업, 국가의 재정을 흔들 것이다. 그러나 그 출렁거림을 보고 통제할 수 있는 시스템을 갖고 있다는 것, 그것은 전쟁터에 나가며 좋은 무기와 갑옷을 갖추는 것과 같은 일이다.

홍 대리는 자신이 썩 괜찮은 무기 하나를 손에 쥐고 있다는 느낌을 받았다. 어릴 적 자주 읽었던 우주전쟁만화, 거기에 나오는 인간을 괴롭히는 막강한 음모자들도 물리칠 수 있는 그런 신무기 말이다.

프레젠테이션이 열리는 회의실.

봉태산 사장과 태산전자 대리급 이상 임직원들이 모두 모였다. 드디어 조현이의 프레젠테이션이 시작되었다.

검정 투피스에 흰 블라우스를 단정히 받쳐 입은 조현이는 오늘따라 더 이지적으로 보였다. 여자들은 미모와 실력이 꼭 일치하지는 않는데 조현이는 두 가지를 다 가졌다.

'야무진 조현이. 역시 내 생각이 틀리지 않았어!'

조현이는 명쾌한 마무리 멘트로 좌중을 압도했다.

"우리나라는 변동환율제도를 채택하고 있기 때문에 기업도 개인도 환율 변동의 영향을 받지 않을 수가 없습니다. 주식이나 부동산은 자기가 투자하지 않으면 손실도 이익도 발생하지 않지만 환율은 외환에 투자하거나 환 헤지상품을 사지 않더라도 우리 생활에 직간접적으로 영향을 미치고 있습니다. 따라서 환율이 어떻게 변동되는지 그 결정 원리를 알고 대응을 하면 예기치 않은 환율 변동의 피해를 줄일 수 있고 상대적으로 높은 수익을 올릴 수도 있습니다.

우리는 지금 회사에 그 시스템을 도입하려고 하는 것입니다. 크게 돈이 드는 것도 아닙니다. 자료에서 보시는 것처럼 여러분들이 태산전자 환 위험관리 인프라 구축에 참여해주시기로 했어요. 그분들께 정말 감사드립니다. 우리 회사는 사원들 모두 먼저 외환관리의 중요성을 알고 공부하여 더 이상 키코 계약 피해 같은 황당한 일은 당하지 않아야 한다는 점을 강조하고 싶습니다."

회사발전 제안서는 1차에서 함께 선정된 영업부의 제품판매 확장 캠페인 안이 하나 더 있었지만, 임원들은 구매부의 기획안을 더 마음에 들어했다. 문 부장이 이야기를 했는지 사장은 프레젠테이션을 멋지게 마친 조현이보다 홍 대리에게 먼저 손을 내밀며 악수를 청했다.

며칠 후, 마침내 기다리던 소식이 전해졌다. 태산전자 살리기 제안서 공모의 최종 당선자로 구매부가 선정되었다는 공고가 붙은 것이다. 임원진에서 만장일치로 결정했다는 소식과 함께 봉태산 사장은 회사 차원에서 가능한 모든 지원을 하겠다는 약속을 전해왔다. 문 부장은 그 소식을 듣자마자 홍 대리에게 전화를 걸었다.

"홍 대리, 고맙네. 자네가 회사를 살리고 나도 살렸네!"

문 부장은 목이 잠기는지 말을 더듬었다.

"별말씀을요. 저도 문 부장님 아니었으면 여기까지 못왔을 겁니다."

　문 부장은 건강했던 모습을 되찾았다. 그 누구도 아픈 사람이라고는 전혀 생각할 수 없을 정도로 활기 넘치고 건강해보였다.

4장

홍 대리, 환율 천재되어 회사를 살리다

고수들의 전략

"딩동~"

소희에게 문자가 왔다.

'오빠, 이번 주말에 친구가 북한산 가자는데 같이 갈래?'

등산은 홍 대리의 취미였다. 요즘 여러 가지로 정신이 없어서 산에 간 지가 오래됐는데 잘됐다는 생각이 들었다.

'오케이. 좋지.'

홍 대리는 벌써부터 주말이 기다려졌다. 지선에게도 함께 가자고 했는데 많이 피곤한지 그냥 쉬고 싶다고 했다.

토요일 아침, 약속장소에 도착한 홍 대리는 깜짝 놀랐다. 명석이 소희와 함께 있었기 때문이다.

"그 친구란 놈이 너였어?"

홍 대리는 전혀 생각지도 못한 일이라서 놀라움을 감출 수 없었다.

"오빠, 미리 말하지 못한 거 미안해. 괜히 쑥스러워서……."

"홍대희, 너무 그러지 마. 우리 전에도 같이 산에 간 적 있잖아?"

생각해보니 대학 다닐 때 셋이서 몇 번 산행을 했던 기억이
났다.

"암튼, 둘 다 감쪽같이 날 속이다니."

"그나저나 대희 너, 드디어 한 건 했다며?"

"한 건이라니?"

"유 소장님한테 얘기 들었어."

"그랬어? 내가 모 한번 한다면 하는 사람이라구!"

"홍대희, 이제 사람 됐네. 너 승진하면 알지? 내가 도와준 거
잊지 마라."

"알았어, 인마. 근데 니가 나한테 큰소리 칠 입장은 아닌 거 같
은데. 똑바로 말해. 늬들 모야?"

"형님, 잘 좀 부탁드립니다!"

"흠, 앞으로 너 하는 거 봐서, 하하하."

셋은 버스를 타고 북한산으로 출발했다. 차창 밖으로 무르익은
가을풍경이 지나쳐갔다.

북한산은 참 아기자기하고 아름다운 산이다. 수많은 계곡과 능
선, 바위로 둘러싸여 오르는 재미가 쏠쏠했다. 다른 때보다 오늘
은 등산객이 그리 많지 않았다.

"오빠는 이번 일 잘돼서 다시 본사로 갔으면 좋겠다. 자재창고는 아무래도 오빠랑은 안 어울려. 정말 우리 오빠 많이 변했나봐. 프로젝트를 다 이끌고……."

"뭘, 오빠가 인복이 많아서 그런 거지. 그렇다고 낙천적인 홍대희가 어디 가겠냐? 그나저나 이 사회가 나를 낙천적으로 살지 못하게 하는 것만은 사실이야. 너 정글의 법칙이 뭔지 알아?"

"정글의 법칙?"

"응, 정글의 법칙……."

"서로 먹고 먹히는 먹이사슬?"

"그것도 맞지만, 정글의 법칙은 약한 새끼는 제 어미도 도태시키는 비정한 세계지."

"오빠, 무서워 그런 말!"

"암튼, 오빤 지금 정글에서 살아남는 법을 배우는 중이야!"

"무슨 말을 그렇게 재미있게 해?"

명석이 샘 난다는 듯 끼어들었다.

오늘은 전에도 올랐던 밤골 코스를 선택했다. 국사당에서 출발, 정상인 백운대까지 갔다가 백운산장에 들러 차도 마시고 원효봉 쪽으로 내려오기로 했다.

북한산은 길을 훤히 안다고 생각했는데 그 사이에 수풀이 많이 우거져 있을 뿐 아니라 새로 난 길도 있어서 완전히 다른 산 같았다. 소희가 가져온 간식을 나눠 먹으면서 30분 정도 가다보니 이정표가 나타났다. 백운대까지 1.8km. 이 정도면 금방 갈 거라 생각했다. 능선을 따라가보니 바로 코앞에 숨은바위가 있었고 왼쪽으로 인수봉, 오른쪽엔 백운대가 보였다. 한달음에 올라갈 수 있을 것처럼 보였다. 그런데 그때 문제가 생겼다.

백운대로 가려면 앞에 보이는 숨은바위를 올라가야 하는데 벽을 타야 하는 코스였다. 그런데 소희가 망설였다. 여자들이 많이 내려오는데도 소희는 도저히 못갈 것 같다고 겁을 냈다. 백운대를 눈앞에 두고 그냥 돌아갈 수는 없는 노릇이었다. 그래서 하는 수 없이 오른쪽 측벽으로 돌아가보기로 했다.

그런데 이곳은 등산로가 아니었다. 한참을 가다보니 큰 돌덩이들이 있는 계곡이 나왔다. 그런데 갑자기 하늘까지 어두워졌다. 홍 대리는 불안해졌다.

"소희야, 우리 그만 내려갈까?"

아무래도 무리일 것 같아서 홍 대리는 내려가자고 했다. 그런데 소희는 조금만 더 가보자고 했다. 자기 때문에 등산을 망치고 싶지 않은 모양이었다. 일단 자리를 잡고 앉아서 점심을 먹기로 했다. 그런데 다 먹었을 무렵, 비가 쏟아지기 시작했다.

더 지체할 수 없어 셋은 서둘러 내려갔다. 그런데 올라왔던 길이 아닌 것 같았다. 빗발은 점점 굵어지고 길은 보이지 않았다. 길을 잃은 것이다.

"오빠 어떻게 해?"

"그러게 아까 내려가지니까…….'"

"미안해, 나 때문에 고생하네."

"아냐, 괜찮아. 일단 길부터 찾아보자."

명석이 앞장섰다. 세 사람은 한 시간을 더 빗속에서 헤매다 잠시 비를 피할 수 있는 바위틈을 발견하고 쉬기로 했다.

"길을 바꿔야겠어."

명석이 말했다.

"지금 생각이 났는데 '산에서 길을 잃으면 산 위로 올라가라'는 말이 있잖아."

"다시 올라가야 한다고?"

"옛 어른들 말이야."

명석이 이야기를 시작했다.

어려움을 당해 크게 상심한 사람이 있었습니다.

그는 목회자를 찾아가 "저는 인생의 길을 잃었습니다"라고 말했습니다.

목회자는 산악인 친구 이야기를 해주었습니다.

어느날 깊은 산에서 길을 잃었는데, 길을 헤매다가 한 오두막을 발견했고,

오두막에는 노인이 있었습니다.

"젊은이, 사람들이 산에서 길을 잃으면 무조건 내려가려고 하지. 그러면 더 큰 위험에 빠질 수 있다네. 산에서 길을 잃으면 오히려 산 위로 올라가야 하네. 산 위에 올라가면 자신의 위치와 길이 한눈에 보이고 보이지 않던 마을도 보이게 되지."

친구 이야기를 마친 목회자는 상심한 사람의 손을 잡고 말했습니다.

"인생 길도 마찬가지입니다. 고난을 당했다고 당황하지 말고 산 위로 올라가야 합니다."

"이상 끝!"

"그래, 우리도 다시 위로 올라가보자."

"조금만 더 올라가면 될 것 같아."

다행히 빗줄기가 좀 약해져서 한숨을 돌리는 사이 이번에는 명석에게 사고가 생겼다. 갑자기 중심을 잃어 미끄러진 것이다. 명석은 일어나지 못하고 발목을 감싸고 고통스러운 표정을 지었다.

"명석아!"

"어머 어떡해? 오빠, 괜찮아요?"

홍 대리도 소희도 어쩔 줄 몰라 발만 동동 굴렀다. 소희가 먼저 달려가 명석을 부축했다. 그 모습을 보니 홍 대리는 기분이 묘해졌다.

'이 놈들이 언제 이렇게~'

소희가 명석의 배낭을 받아들고 홍 대리가 명석을 부축해서 한 걸음 한 걸음 힘겹게 발길을 옮겼다. 날이 어두워지기 전에 길을 찾지 못하면 정말로 길을 잃을지도 모른다는 생각에 마음이 급해졌다.

한 시간 정도 걸었을까. 갑자기 길이 보이더니 이정표가 나타났다. 이정표에는 밤골 2.7km, 백운대 0.8km라고 적혀 있었다.

"휴, 살았다. 바로 앞에 산장이 있잖아? 얼른 가서 좀 쉬자."

"46-02 이정표를 보고 출발했는데 여기가 46-05야. 그럼 중간 3하고 4는 어디에 있었던 거지?"

"우리가 너무 들어가버렸나 봐."

"겨우 600m 거리를 이렇게 헤맸다는 말이야?"

"북한산에서 일어난 사고가 한 해 300건에 중상자만 100명이 넘고 사망자도 많대. 그렇지만 우리가 당할 줄은 몰랐네, 정말."

"그러게 말야. 그나저나 명석아, 너 발은 어때?"

"견딜 만 해. 산장에 가서 응급처치 받으면 괜찮을 것 같아."

산장에 도착했을 때는 거짓말처럼 비가 그치고 백운대 정상에는 햇살이 비쳤다. 따뜻한 커피를 마시니 그제야 안도의 한숨이 나왔다. 조금 전이 꿈만 같았다. 다행히도 명석의 발도 큰 부상은 아니었다. 정말 아찔한 순간이었다. 어쩌면 큰 사고로 이어졌을지도 모를 일이었다.

"야, 이런 일도 다 있구나!"

"난 우리가 정말 조난당하는 줄 알았어."

소희가 가슴을 쓸어내리며 말했다.

"설마, 남자가 둘이나 있는데 북한산에서 너를 조난당하게 하겠어?"

명석이 소희를 보고 다정하게 웃으며 말했다.

"그래도 놀랐단 말이야."

"인생이란 바로 이런 거야. 거센 비바람이 몰아쳤다가도 어느 순간 밝은 해가 비추고, 또 언제 비바람이 칠지도 모르는 거지."

"그래도 비바람은 싫어. 이슬비라면 모를까."

"소희는 아직도 소녀 같아. 옛날 그대로야."

소희와 명석의 대화를 들으며 홍 대리는 산을 오른다는 일이 꼭 살얼음판 같은 인생과 비슷하다는 생각이 들었다. 키코 계약으로 잘나가던 회사가 한순간에 부도위기에 몰리고, 그 와중에 실수까지 했던 그때를 생각하니 아까 길을 잃었을 때보다 더 아찔한 기분이 들었다. 그래도 이렇게 위기를 극복한 것처럼 이제는 태산전자 살리기 중심에 서 있는 것이다.

"사실 나도 아까는 별의별 생각이 다 들더라고."

"무슨 생각?"

"지지리 못난 내 삶, 회사나 집에서 게으름 부렸던 거, 오빠로서 잘 챙겨주지 못했던 거, 고생하는 마누라……."

"야, 소희는 이제 내가 챙겨주면 안 되겠니?"

"아이, 오빠도 참……."

"이 짜식, 지금 이 상황에도 소희 생각뿐이냐?"

"하하하, 미안. 내가 좀 급했나? 암튼 요즘 너 다시 보인다. 아주 좋아!"

날이 어두워지기 전에 내려가기로 했다. 산에서 내려와 이른 저녁을 먹고 헤어졌다. 그 어느 때보다도 서로 애틋한 마음이 들었다.

버는 것보다
'위험관리'가 중요하다

"홍 대리님, 사장님이 찾으신다는데요. 빨리 가보세요."

박 주임이 결재서류를 들고 홍 대리에게 전하며 말했다.

사장실에는 며칠 전 유 소장으로부터 소개받고 전화번호를 적어준 환율 전문 한상수 변호사가 와 있었다. 봉 사장이 홍 대리를 변호사에게 소개했다.

"이번에 키코 소송을 제안한 우리 회사 홍대희 대리입니다. 오늘부터 소송준비 법무팀 대리를 겸하도록 했어요."

홍 대리는 갑작스런 사장의 말에 당황했다. 그러나 한시적으로 법무팀을 구성, 필요한 서류며 재판자료를 준비해야 한다고 제안한 사람은 바로 자신이었다. 항상 일은 꾸민 사람이 앞장서게 되는 법이다. 적어도 이번 일만은 열심히 해서 꼭 성공하고 싶었다. 그리고 승산이 있다고 믿었다.

한 변호사는 유 소장의 고향 후배라고 자신을 소개했다. 환율 전문 변호사가 된 것도 유 소장의 권유 때문이라고 했다. 키코 소송문제는 한 변호사가 소속되어 있는 법무법인이 이미 같은 피해를 입은 사례를 모아놓고 있는 중이었다. 한 변호사는 사장이 말하기도 전에 이미 내용을 잘 알고 있었다. 홍 대리에게 회사관련 자료와 계약서를 준비해 달라고 부탁했다. 그러면 다른 회사들과 공동으로 일을 진행하겠다고 말했다.

필요한 정보는 메일로 보내기로 하고 서류가 준비되는 대로 가능하면 빨리, 일을 추진하기로 했다. 홍 대리는 조현이와 사원 한 사람을 더 지원해 달라고 부탁하고 사장실을 나왔다.

한 변호사에게는 이튿날 바로 연락이 왔다. 회사가 준비할 서류목록과 함께 홍 대리에게 도움이 될 거라며 〈금융수학[35])의 역사〉라고 적힌 조그만 논문집과 《금융선물옵션과 장외파생상품》, 그리고 《투자전쟁- 헤지펀드[36]) 사람들의 영광과 좌절》이라는 책도 함께 보내왔다.

홍 대리는 〈금융수학의 역사〉를 먼저 보았다.

"복잡한 수식과 기호가 무한 반복되는 금융수학을 활용한 파생상품이 등장할 수 있었던 것은 70년대 월가에 대거 진입한 과학자들 덕이었다. 금융수학은 1973년 블랙·숄즈 모델공식[37])으로 꽃피기 시작했다. 경제학자 피셔 블랙, 마이런 숄즈가 4년간

연구한 끝에 완성한 이 공식은 파생상품의 가치를 계산할 수 있게 한 최초의 공식이다. 옵션(팔거나 살 수 있는 권리) 설정 대상 주식의 가격, 옵션 행사 가격, 만기까지 남은 기간 등을 대입해 현시점에 적절하면서도 '위험 없는' 옵션가격을 정할 수 있게 한다"는 말로 논문은 시작되었다.

'이걸 나더러 다 읽으라고?'

홍 대리는 한 변호사의 의중을 알 수 없었으나 아무튼 그와 대화하려면 꼭 읽어야 할 책이라고 생각했다. 한 변호사의 배려가 새삼 고맙게 느껴졌다. 세상은 먹고 먹히는 양육강식의 공식만 있는 것이 아니라 서로를 돕고 키워주는 온정도 남아 있다는 생각에 홍 대리는 마음이 따뜻해졌다.

한 변호사는 소송이 진행되는 과정을 메일로 자주 알려주었다. 정부에서도 가뜩이나 어려운 중소기업들의 피해가 커서 경제전반에 미칠 파장이 크다고 판단했는지 피해기업들에 대한 지원을 하고 있었다. 무엇보다도 여론이 악화되는 것을 원하지 않아 소송이 승소할 가능성도 컸다.

뉴스에서는 여전히 키코 문제가 자주 거론되었다. 키코 가입 중소기업들이 키코 상품을 판매한 은행으로부터 갖은 압박을 당하고 있다는 소식도 들렸다. 은행들은 기존의 대출금을 조기상환하라고 통보하는 등의 방법으로도 압박했다.

또 키코 음모론도 등장했다. 왜 지난해 키코 계약이 갑자기 급
증했는지에 대한 의문이 풀리지 않기 때문이었다. 사실 그동안
중소 수출기업들이 환 헤지를 하는 경우는 그리 많지 않았다고
한다. 선물 환을 이용하는 것이 보통이었다. 그런데 선물 환보다
수수료도 비싸고 구조도 복잡한 데다 위험하기까지 한 키코에
500여 개에 달하는 중소기업이 지난해 집중적으로 가입했다는
것은 아무래도 석연치 않은 구석이 있다는 것이 음모론의 골자
였다.

기업들이 무더기로 키코 계약을 할 무렵인 2007년 말부터
2008년 초에는 글로벌 달러 약세가 한창 진행되던 시점으로 원/
달러 환율이 920~960원에서 움직이면서 환율의 추가 하락이 예
상되던 때였다. 당시 여러 은행이 동시 다발적으로 중소기업들을
상대로 키코 영업에 나선 것은 누군가 배후에서 키코 상품을 디
자인해 은행들을 통해 조직적으로 판매했기 때문이라고 보고 있
었다.

환율이 지나치게 낮은 수준이라고 판단한 배후세력은 앞으로
환율이 크게 오를 것으로 보고 은행을 동원, 중소기업들에게 접
근했을 거라는 것이다. 은행은 중간에서 수수료를 따먹기 위해
'환 헤지와 동시에 수익도 얻을 수 있다'는 달콤한 말로 기업들
에게 키코 계약을 적극적으로 추진했을 가능성도 있었다. 이 같
은 내용들은 지난해 키코 문제가 터진 후부터 지금까지 인터넷

을 통해 공공연히 나돌았다.

음모론의 실체

지난해 하반기 이후 환율 움직임은 현기증이 날 정도다. '환율 800원대 시대'가 문 밖에 와 있는 것처럼 보이더니 몇 달 사이 상황이 급반전해 1,200원대까지 수직 상승했다. 이와 함께 키코에 계약한 수출 중소기업들의 손실도 눈덩이처럼 불어났다. 이 모든 것이 정말 우연히 벌어진 일일까. 이런 의문은 거대한 음모론으로 이어진다.

음모론의 주 타깃은 외국계 자본이다. 물론 이런 상황이 처음은 아니다. 1997년 외환위기 이후 환율이 급변동할 때마다 외국계 금융 회사들은 장외 통화옵션 상품을 국내 은행을 통해 판매해 엄청난 수익을 올렸다는 의혹을 받아왔다. 이들이 특정 구조의 파생상품을 집중적으로 판매한 후 달러를 대거 사들이거나 내다 팔아 수익을 챙겼다는 것이다.

기본적인 그림은 이번에도 마찬가지다. 외국계 투자은행 등이 환율이 더 떨어질 것이라고 부추겨 키코 상품을 사도록 해놓고 환율을 끌어올렸다는 것이다. ○○○ 한나라당 의원은 "외국인들이 주식을 내다 팔고 나가면 환율은 오르게 된다"며 "환율상승에 베팅한 외국계 투자은행이 엄청난 수익을 남겼

을 가능성이 크다"고 말했다. 한 은행권 관계자는 "우리나라
는 수출 외에는 달러가 들어올 데가 없다"며 "외국인이 해외
차입을 못하도록 돈줄을 막고 주식·채권을 정리하고 나가면
환율은 오를 수밖에 없다"고 말한다.

물론 특정 세력이 인위적으로 환율을 끌어올렸다는 구체적인
증거는 아직 없다. 하지만 그렇다고 가능성까지 부인할 이유
는 없다. ○○○ 부장은 "그동안 환율을 인위적으로 움직이기
좋은 시장이었던 것은 분명하다"며 "조금만 당기면 환율이 쑥
쑥 올라가는 분위기였다"고 말했다.

유 소장이 말한 키코 상품 설계 자체의 허점과 더불어 수긍이
가는 내용이었다. 환율이 급등하면서 키코 가입 기업들은 손실에
울고 있지만 제로섬 게임[38]인 키코의 성격상 최종 계약 상대방인
배후세력은 이 손실에 상응하는 이익을 챙기고 있는 게 사실일
것 같았다. 실제 상당수 은행들은 중간 역할만 했다며 키코로 큰
돈을 번 주체는 따로 있다고 말하기도 했다.
유 소장의 말대로 '은행이 키코 계약과 동시에 반대 포지션을
잡아 절대로 손해 볼 장사를 하지 않고 수수료를 챙기는 장사를
했다'면 기업들이 피눈물을 흘리는 동안 배를 불린 누군가가 분

242

명히 있을 것이다.

음모론은 그 배후로 홍콩에 있는 외국계 은행이나 헤지펀드를 지목하고 있다. 그들은 마음만 먹으면 환율이 오를 시기에, 혹은 오르지 않는다 해도 풍부한 자금력을 동원해 인위적으로 올려서라도 이익을 얻고 빠져나갔을 것이다. 국내 외환시장은 그렇게 취약한 구조다. 원화국제화가 덜돼 있어서 작은 개입으로도 충격을 받는다. 사실 어디까지가 진실인지는 정확히 알 수 없다. 그런데 만약 음모론이 사실이라면 결코 그냥 넘어갈 사안은 아니다. 그러나 어떻게……

홍 대리는 자신이 흔히 주식시장에서 비유하는 아무런 힘도 없는 한 마리의 개미 같다는 생각이 들었다. 개미들은 잠시도 쉬지 않고 부지런히 집을 짓고 먹이를 나르지만 사람들의 짓궂은 장난이나 무심한 발자국에도 힘없이 무너질 수밖에 없는 존재다. 정글의 법칙은 아프리카의 밀림이나 사막에만 있는 것이 아니라 바로 내 주변, 도처에서 행행하고 있다.

스페셜 미션
- 정글에서 살아남기

제안서 작성도 끝나고 조금 여유가 생긴 홍 대리는 환율공부에 더 집중하기로 마음먹고 그간 경험한 것들을 일기형식으로 정리해보기로 했다. 이제 엽기녀와 유 소장의 미션은 끝났지만 마지막으로 홍 대리 스스로에게 내는 미션이었다.

아직 자신이 환율 변동을 예측하고 수익을 내는 방법을 잘 알 수는 없지만 환율이 얼마나 중요하고 때로는 위험한 지뢰밭 같은 곳인지는 잘 알 수 있었다.

'그래, 쉽게 생각해보자. 눈을 감고 저 무서운 정글 속 동물의 세계가 바로 국제금융 투기가 벌어지는 곳이라고 상상해보자.'

내셔널지오그래픽이나 TV 화면에서 보는 동물의 왕국은 약육강식의 세계다. 수만, 수십만의 영양의 무리가 목초지를 향해서 무리지어 이동을 한다. 이들이 이동하는 모습은 장관이고 발자국 소리는 박진감 넘친다. 한 마리의 사자가 이동하는 영양들을 노려보고 있다.

사자는 무리와 많이 떨어졌거나 약한 어린 영양을 느긋이 기다린다. 마침내 목표물이 포착되면 날쌔게 달려든다. 사자의 습격에 놀라 달아나기 바쁜 영양은 절박한 상황에 몰리면 저항해보지만, 결국 사자의 허기를 채우는 먹잇감이 된다. 살아남은 영양들은 떼를 지어 아무 일 없었다는 듯이 묵묵히 제 갈 길을 간다.

정글에서는 힘이 센 사자나 호랑이가 왕이다. 그들이 가장 큰 먹이를 먹고 늑대나 고양이 같은 동물들이 남은 먹이를 먹는다. 더 작고 힘없는 동물들은 그들의 희생양이 된다.

꼭 힘으로만 서열이 매겨지는 것도 아니다. 브라질의 깊고 깊은 숲 속에서 산다는 '로노미아'라는 애벌레는 갖고 있는 독으로, 내부출혈과 적혈구 파괴 등을 일으켜 사람을 죽음에 이르게 한다. 외부로 뻗친 많은 가시들에 치명적인 독이 숨겨져 있다는 것이다. 치사율이 1.7%라고 한다. 가장 독하다고 알려진 방울뱀 치사율 1.8%라고 하니 얼마나 무서운 독을 가지고 있는지 알 수 있다.

홍 대리는 너무 비약이 심한 것이라고 생각해보지만, 역시 국제 투기꾼들의 음모가 판치는 외환시장이 약육강식의 세계와 다를 것이 없다는 생각에는 변함이 없었다.

한글 새 문서를 열고 홍 대리는 '환율정글에서 살아남기'라고 썼다.

국제금융자본시장

정글자본주의, 이 말은 바로 정글의 법칙에서 나온 말이다. 정글에서 서로 먹고 먹히는 관계, 이것이 정글의 법칙이고 현대 자본주의 세계는 확실한 제로섬게임의 세계라는 점에서 정글과 다를 바 없다. 사자가 노루를 잡으면 사자는 1을 얻고, 노루는 1을 잃는 것처럼 이러한 제로섬 현상이 경제법칙에도 적용된다.

어떤 학자들은 자본주의의 경제체제가 '소비자가 더욱 이득을 보게 되어 결과적으로 제로섬 게임이 아니다'라고 말하지만 적어도 한정된 재화가 국경을 넘어 자유롭게 넘나드는 글로벌 금융자본주의 체제에서는 틀린 말은 아니다.

미국은 물론 세계 각지에서 수재들이 몰린다는 뉴욕의 월스트리트를 보자. 번듯한 공장 하나 없이 사람과 자본, 네트워크만으로 연간 수백억 달러의 이익을 창출하는 '황금의 땅'이다. 월가의 금융자본을 사실적으로 묘사한 영화 〈월스트리트〉에서 주인공 고든 게코는 탐욕을 달성하기 위해서라면 모든 수단과 방법을 동원한다. 그리고 그 목표를 달성하는 과정은 상상을 초월할 정도로 무모하고 무자비하다. 영화에서 묘사한 것처럼 월가의 금융자본을 한마디로 요약하면 Greed(탐욕), Reckless(무자비함), Arrogance(오만함)일 것이다.

세계적인 투자가 소로스가 헤지펀드를 운용하며 러시아의 루블화와 영국의 파운드화를 공략하며 러시아 정부와 영국정부를 상대로 일개 개인이 양국 정부를 굴복시킨 유명한 일화는 잘 알려진 이야기다.

실제로 동물의 세계에서는 강한 동물이라 해서 약한 동물을 마구 잡아먹는 것은 아니라고 한다. 사자조차도 자기가 하루 먹을 만큼만 사냥을 하지 취미삼아 동물을 모조리 죽이지는 않는다. 또 사냥한 동물을 자신만 먹겠다고 쌓아두지도 않으며, 이들의 개체 수가 약한 동물들보다 월등히 많지도 않다. 서로 균형을 이룰 만큼의 관계를 유지하고 있는 것이다. 그런데 현대사회의 공룡처럼 커진 금융자본의 문제는 강한 자가 약한 자를 '무자비하게' 착취한다는 것이다.

환율은 21세기에 들어 국제화 및 무역자유화 조치로 거시경제 지표 중에서 가장 중요한 요소가 되었다. 자본의 이동과 무역에는 항상 환율이라는 매개변수가 작용한다. 특히 부존자원이 적은 한국경제는 외화가 없으면 사실상 경제활동이 마비될 수밖에 없다. 물가와 금리 및 부동산 가격 지수도 중요하지만, 그 중에서 가장 중요한 것은 환율관련 지표다. 환율이 오르면 물가가 상승하고 가계의 실질소득이 급감하는 것은 물론 대출금리가 상승하여 부동산 가격이 큰 폭으로 하락할 수 있기 때문이다.

주식이나 부동산은 투자를 하지 않으면 손실도 발생하지 않는다. 하지만 환율은 외환에 투자하거나 환 위험관리 상품을 사지 않았다 하더라도 투자와 상관없이 우리 생활에 직간접적으로 영향을 미친다.

사자와 개미

외환시장의 왕자는 거대자본을 가진 자이거나 환율 변동의 메커니즘이나 정보를 먼저 아는 자일 것이다. 이들을 호랑이나 사자에 비유한다면 우리는 무엇일까. 고양이일까, 쥐일까, 아니면 개미일까.

국제외환시장에서 하루에 움직이는 돈은 3조 달러, 우리 돈으로 4,500조 원을 웃돌고 있다. 이는 뉴욕증시 규모의 100배이며, 우리나라 1년 예산을 147조 원으로 볼 때 30배가 넘는 숫자이다. 세계경제규모 15위인 대한민국 1년 예산의 30배 정도가 매일 국경을 넘나들며 움직이고 있는 것이다.

신문이나 방송에서는 날마다 환율의 등락을 전해준다. 환율이 몇 십 원만 오르면 난리가 난다. 환율 몇 십 원이 올랐다고 왜 그렇게 떠들썩할까. 1달러에 몇 십 원이면 적게 보일 수도 있지만 국가 경제규모나 기업들의 덩치를 생각할 때 10억 달러가 1조,

100억 달러가 10조가 된다. 1달러에 몇 십 원이 오르면 우리나라 돈으로는 몇 조원이 왔다갔다 하는 셈인 것이다. 그런데 환율을 움직이는 거대한 손은 정작 보이지 않는다.

따라서 환율은 국가 차원에서 가장 중요하게 관리해야 하는 경제의 핵심요소가 될 수밖에 없다. 2008년 미국 발 금융위기로 세계경제가 흔들리고 환율이 급등하면서 IMF 외환위기 시절 이야기가 다시 나왔다. 미래에 대한 불안감으로 힘든 시기가 올 때마다 "대한민국이 제 2의 IMF를 맞는 게 아니냐"라는 말이 나온다. 누구도 환율을 예측할 수 없다지만 적어도 그때 일을 되풀이 하지 않도록 환 위험관리를 할 필요가 있다.

환율 변동의 원리를 알아야 승리한다

고양이가 호랑이의 적수가 될 수 없듯이 출렁이는 외환시장이나 환율이 영향을 미치는 주식시장에서 개인은 어지간히 무장을 하지 않고서는 희생양이 될 수밖에 없는 구조를 가지고 있다. 이 금융의 정글에서 살아남으려면 어떻게 해야 할까. 가장 쉬운 방법은 일단 몸을 철저히 숨길 수밖에 없을 것이다. 그래도 노출이 된다면?

먼저 가계부를 보자. 밀가루 한 봉지에서부터 기름 값, 각종 수입제품들. 이 모든 가격은 환율의 영향을 받지 않는 것이 없다. 아침마다 즐겨 마시는 모닝커피 한 잔에도, 늦은 저녁 친구들과 기울이는 술 한 잔에도 환율이 녹아들어 있다.

우리나라에서 자녀교육을 위해 아이들을 외국에 보내고 홀로 사는 기러기아빠는 20만 명이 넘는다고 한다. 우리가 배낭여행이나 해외여행을 할 때 가장 필요한 것은 무엇일까. 바로 알뜰하게 돈을 쓰는 방법이다. 해외여행 시 사용되는 현금과 여행자수표, 신용카드에 적용되는 환율은 어느 것이 가장 경제적인지, 어디에서 돈을 바꾸는 것이 한 푼이라도 절약할 수 있는지, 이 모든 것이 환율과 관련된 지식에서 나온다.

IMF 이후 우리나라의 외환제도는 소위 선진국형이라 하여 일일변동폭 제한이 폐지되고 통화선물거래가 도입되었으며, 외화의 유출과 유입이 자유로워졌다. 주식시장 역시 외국인 투자자의 비중이 확대되고, 일반인들도 주식처럼 외환을 거래할 수 있게 되었다.

외국인 투자자들은 우리보다 빠른 정보력과 거대한 물량으로 주식이나 부동산, 채권에 투자하여 수익을 챙기고, 오늘도 경기 사이클을 주기로 투자를 늘리거나 줄이는 일을 되풀이하고 있다. 이럴 때마다 환율은 출렁인다. 누가 과연 이 제로섬 게임, 정글과 같은 싸움터에서 승자가 될 수 있을까.

외환시장의 특성 중 하나는 주식시장과 달리 제로섬 게임이다. 내가 이익을 보는 순간 누군가는 손해를 보며, 나의 손해는 또 누군가의 이익으로 나타난다. 서로 눈치를 보며, 뺏고 뺏기는 무서운 전쟁터다. 글로벌화된 외환시장에서는 환율 변동의 원리를 아는 자가 세상을 지배한다.

여기까지 쓰고 나서 홍 대리는 다시 한 번 찬찬히 글을 읽어보았다. 좀 긴 것 같았지만 정글의 법칙에 빗대어 현대금융자본시장의 움직임을 비유한 것이 썩 괜찮은 발상인 것 같았다. 고양이나 개미가 호랑이의 상대가 될 수는 없지만 마치 정글에서 작은 동물들이 본능적으로 살아남는 법을 터득하듯 위험을 피하는 법을 터득하면 된다. 헤지에는 성공이나 실패라는 단어가 없다고한다. 헤지는 그냥 헤지일 뿐이다. 어느 방향으로 헤지를 하든 결국 둘을 합하면 0이 되기 때문이다.

유 소장은 이렇게 말했다.

'환율에 영향을 미치는 요소를 분석할 수 있어야 한다. 왜곡된 정보와 정확한 정보를 구분할 수 있어야 한다. 헤지를 한다고 환율 변동 위험이 없어지는 것이 아니고, 경우에 따라서 더 큰 위험이 발생할 수 있다는 것을 알아야 한다.'

'헤지 성공'이나 '헤지 실패'라는 단어 자체가 잘못된 것이라는 인식이 필요하다는 것이다.

홍 대리는 환율의 '환'자도 몰랐던 몇 달 전에 비해 자신이 단숨에 이 정도로 환율에 대한 이야기를 정리해낼 수 있다는 게 신기하기만 했다.

화려한 귀환

"그동안 힘들었지요? 그새 정이 꽤 들었는데, 미안한 마음도 있고……."

물류센터에서 본사로 복귀명령을 받은 홍 대리에게 열두 살 많은 띠동갑 박 주임이 악수를 청하며 말했다. 처음엔 경험도 없고, 나이도 적은 홍 대리가 선임으로 와서 서먹했지만 어느 날 회식자리에서 서로 형님, 아우하면서 지내게 된 사이다.

"원 참, 형님도……. 덕분에 많이 배우고 갑니다. 제가 종종 술한 잔 하러 들르겠습니다."

"대리님, 정말 잘 됐어요. 축하합니다. 그나저나 전 요즘 골치 아파 죽겠습니다."

"일도 씨, IT기대주에 투자했다가 많이 까먹었다지?"

"아휴, 말도 마십쇼. 마누라 몰래 아파트 담보로 대출받아서 투자했다가 야금야금 원금까지 까먹고 있습니다. 지금이라도 팔아야 할지, 좀 더 기다려봐야 할지 도무지 원…… 요즘 제 속이 바싹바싹 타들어갑니다."

"요즘 워낙 주식시장이 혼조세잖아. 일도 씨가 샀다는 그 종목만 해도 상장초기 기대심리가 너무 높게 반영되어 주가가 폭등했다가 요즘 서서히 가라앉는 추세야. 근데 앞으로 전망이 밝은 종목이고 그 회사 CEO가 업계 최고 실력자라 조만간 다시 올라갈 거라는 전망이야."

"정말요? 그럼 홍 대리님만 믿고 좀 더 묻어둡니다."

"근데 책임은 못 져."

"요즘 홍 대리님이 대세잖아요? 경제전문가들도 많이 아시고……. 실은 저도 어디서 들은 말이 있는데 더 떨어질까 봐 겁이 나서…… 대리님, 말씀을 들으니 이제 확신이 섭니다요."

배일도에게도 인정을 받는 것 같아 홍 대리는 괜히 우쭐해졌다. 물류센터 발령 첫날, 배일도에게 얼마나 주눅이 들고 속이 뒤틀렸는지를 생각하면, 몇 개월 만에 이렇게 미운정 고운정이 들 줄은 몰랐다. 정말 인생은 살아볼 일이다.

물류센터 업무를 인계하기 위해 장부를 맞춰보고 있는데 문 부장에게 전화가 왔다. 오늘 강 차장이 사표를 냈다는 것이다. 전부터 얘기가 오가던 O전자로 옮겼다는 것인데, 아마도 제안서

건으로 문 부장의 입지가 강화되자 강 차장 스스로 구매부에서 설 자리가 없다고 판단한 것 같았다.

그동안 강 차장만 해바라기하던 김병수도 사표를 냈는데, 딱히 옮길 곳이 없다는 걸 안 문 부장이 사표를 수리하지 않고 한 번 더 기회를 줄 테니 잘해보자고 격려했다고 했다. 역시 덕장이다.

홍 대리, 홍 차장 되다

"야, 우리가 이겼다!"

태산전자가 키코 소송에서 승소했다는 공고가 붙었다. 그 옆에는 홍 대리의 차장 승진, 조현이의 대리 승진과 함께 포상 공고도 붙어 있었다. 많은 직원들이 한동안 사내 공지판을 떠나지 않고 믿기지 않는다는 듯 한 마디씩 주고받았다.

"고객에게 위험고지를 하지 않고 불완전 판매를 한 책임은 당연히 은행이 져야지."

"손해날 수밖에 없는 구조를 가진 파생상품을 고객에게 거래를 유도해 손해가 발생했으니 자신의 이익을 위해 고객을 속인 거라고, 그래서 오히려 은행들이 형사처벌 대상이라고 주장했다더군."

"근데 이번 판결이 있기까지 물류센터로 좌천됐던 홍 대리의

255

공이 제일 컸다는데? 그 친구 사람만 좋고 물렁한 줄 알았는데 이번에 아주 다시 봤어.”

오전 내내 사무실마다 이야기꽃이 활짝 폈다. 부도 직전까지 간 회사의 회생가능성이 전해졌으니 직원들도 힘이 났다.

“한 변호사 대단한데? 변론 내용 좀 읽어봐.”

“기가 막히게 논리정연하군.”

한 변호사는 변론 서두에서 유명환 소장의 ‘금융파생상품 원천 허점론’을 들고 나왔다. 손해 날 수밖에 없는 구조를 가진 금융파생상품의 원리를 설득력 있게 설명하고, 무지한 고객에게 거래를 유도해 손해가 발생했으므로 은행은 외환전문가를 고용하지 않았다면 손해배상 책임을 져야 할 것이며, 외환전문가도 없이 환율 파생상품을 판매하거나, 펀드구조도 모르면서 판매를 하는 행위는 자격 없는 사람을 고용하여 자신의 이익을 위해 고객을 속인 행위이므로 형사처벌 대상이라고 주장했다.

또한 ‘알 수 없는 누군가의 음모적 발상’에 의해 사기를 당한 국내 기업들, 그 계약을 맡은 담당자의 고통에 대해 마치 당사자처럼 절절하게 호소하고, 은행들 또한 피해자일 수 있다는 말로 금융업계나 환 전문가라고 하는 사람들의 무능함을 질책했다.

따라서 ‘고객에게 위험고지를 하지 않고 불완전 판매를 한 책임’을 져야 한다며, 은행은 기업의 피해액을 전액 보상해야 한다고 주장했다. 또한 타당한 자료를 제시하며 그동안 은행들이 전혀 손실을 보지 않고 부당하게 수익을 내고 있음을 증명함으로써, 도덕성과 경제정의의 구현이라는 가치를 실현할 것을 촉구했다.

판사들도 기업 측 손을 들어줄 수밖에 없을 만큼 변론은 훌륭했고 첨부자료 또한 정확한 통계를 제시했다.

그러나 승소판결에 제일 기뻐한 사람은 누구보다도 문 부장이었다. 키코 계약 때문에 그동안 마음고생이 가장 심했던 탓이었다. 살아가면서 자신이 당하는 고통도 크지만 남에게 입히는 고통이 더 아프다는 것, 그것도 곁에 있는 동료나 가족들에게 주는 고통이 자신으로부터 비롯될 때의 아픔은 말로 표현할 수가 없을 것이다.

"오늘 저녁은 축하 회식이라도 해야지? 다들 퇴근하지 말고 대기하도록. 사장실에서 금일봉 날아올 걸세. 참, 홍 대리 아니 홍 차장에게도 얼른 이 소식을 알려줘야지. 거래처 나가 있느라 그 친구 아직 아무것도 모르고 있을 거야."

"네, 부장님, 제가 바로 전화하겠습니당~"

조현이가 수화기를 들자 문 부장이 갑자기 손을 내저었다.

"아냐. 그러지 말고 그냥 부서 회식이 있으니 퇴근하지 말고 회사 앞 호프집으로 오라고만 해. 회사에선 내가 연락하는 걸로 알고 있으니까 좀 미안하기 하지만 그 친구 기뻐하는 얼굴을 직접 봐야지."

"콩그레츄레이션!"

"홍 대리님, 진짜 축하해요."

"웬 축하?"

"이쪽으로 바로 오느라 아직 게시판 공지 못 보셨죠?"

"……."

"차장으로 승진 되셨어요! 구매부 차장님. 그리구 이번에 부서 내에 외환관리팀도 신설됐는데 차장님이 팀장을 맡게 되셨어요. 저랑 전산실 직원 한 사람이 함께 할 거구요."

"현이 씨, 그게…… 정말이야?"

"축하하네. 미리 연락하려다가…… 자네 기뻐하는 모습을 직접 보고 싶어서 말이지."

"부장님……."

"그간 정말 수고 많았네. 그리고 고맙네. 회사에서 특별포상도 있을 걸세."

"홍 차장님, 이제 저도 조 대리라고 불러주세요. 구매부 대리 조현이!"

"아, 조 대리! 축하해요. 그나저나 이거 원 도무지 실감이 안 나서……."

"이번 키코 소송의 승소로 상당 부분 보상이 이뤄지고 은행

측으로부터 상환압력도 줄어들어서, 회사에서 대대적인 승진포상과 함께 10주년 기념식을 갖기로 했네. 우릴 도와주신 유 소장님을 사외이사로 영입하고, 10주년 기념식에서 공로표창을 드리기로 결정되었다네."

홍 대리는 마치 꿈을 꾸는 것 같았다. 제안서가 채택되어 본사로 복귀한 지 얼마 안 됐는데 승진이라니! 아무리 생각해도 분에 넘친 결과인 것만 같아 도무지 실감이 나지 않았다.

"자, 홍 차장, 내 잔 받게."

문 부장은 홍 대리에게 한 잔 가득 술을 따라주었다.

"이번 10주년 기념식 행사 때는 사원들의 결속을 다지는 내실 있는 행사로 추진한다며 기획부에서 명사를 초청해 강연을 청할 거라더군. 회사가 위기를 극복하고 앞으로 10년, 20년을 내다보며 도약하는데 귀한 조언을 해줄 분을 추천받는다는데 누구 추천할 만한 분 없나 생각들 좀 해보게."

홍 대리는 유명환 소장을 추천할까 생각했지만 이미 사외이사로 내정되었고, 또 기념행사에 너무 무거운 주제는 어울리지 않을 것 같았다.

"자기계발 명강사 나동립 선생은 어때요?"

"너무 식상하지 않을까?"

조현이와 고은주가 말을 주고받는 사이 홍 대리의 머리를 스치고 지나가는 한 사람이 있었다.

"산악인 엄홍길!!"

"조오치! 전에 TV에서 엄홍길 대장 특집으로 나오는 거 봤는데 정말 감동적이었어."

문 부장이 반색을 한다. 조현이도 한몫 거들었다.

"괜찮은 생각인데요. 저는 그 분이 쓴 《꿈을 향해 도전하라》라는 책을 읽었거든요. 1%의 희망으로 99%의 절망을 이겨낸 이야기예요."

"현이 씨도 그 책 읽었구나. 나 그 책 읽고 완전 감동 먹었잖아."

홍 대리가 산악인 엄홍길을 생각해낸 것은 얼마 전 빗속에서 북한산을 헤맸던 때가 생각났기 때문이다. 짧은 순간이었지만 많은 걸 느낀 날이었다.

폭우는 물론 안개가 자욱이 끼어 한 치 앞을 볼 수가 없게 된 상황이 마치 자신의 인생이나 회사가 처한 상황 같았고, 왜 사람들이 어려움에 처했을 때 산에 찾아가 마음을 다잡는지도 이해할 수 있었다. 그런 경험이 오늘 엄홍길 씨를 떠올리게 한 것이다.

브라보!
홍 대리 생애 최고의 날

태산전자 10주년 기념식이 열리는 날.

지선은 오늘 휴가를 냈다며 아침부터 홍 대리가 입고 갈 옷을 고르느라 잔뜩 들떠 있었다.

"여보, 어떤 넥타이 맬까?"

"응, 늘 매던 거 있잖아."

"내 이럴 줄 알고 미리 골라놨지 짜잔~"

"언제 샀어?"

"오늘이 어떤 날인데……. 우리 여보 차장 승진하는 날이지롱."

"그렇게 좋아?"

"그럼, 내가 승진하는 것보다 100배나 더 좋은걸."

"사실 난 아직 좀 얼떨떨해. 홍대희가 차장이 되다니……."

"여보 그럼 잘 갔다와. 아니, 이따가 봐요!"

"그래, 일부러 시간 내주고…… 고마워."

홍 대리는 가벼운 마음으로 회사로 향했다. 오늘 강연은 홍 대리의 추천대로 엄홍길 산악인을 모셔오기로 결정되었다. 그런데 출근하자마자 갑자기 기획실 직원이 홍 대리를 찾아왔다. 그리고는 오늘 연설을 해야 된다고 말했다.

"내가 무슨 연설을 해?"

"미안해요. 그렇게 됐어요."

"엄 대장님이 오기로 되었잖아요? 모두들 잔뜩 기대하고 있을 텐데……."

"그게…… 엄 대장님이 미국에서 어제 오시기로 되었는데 출발을 못하셨대요. 우리도 어젯밤에야 연락을 받았어요. 너무 미안해하시면서 말씀도 못하시더라고요. 아침에 사장님이 결정하신 거예요. 그냥 편하게, 홍 대리님이 준비한 제안서 얘기만 하면 된다고……."

"나 이거야 원…… 아무 준비도 없이 어떻게 연설을 하나?"

벌써 초청한 외부손님들이 오고 있었다. 사내적인 행사로 알고 있었는데 회사와 직간접적으로 연결되어 있는 외부인사들도 초청한 모양이었다.

무조건 못하겠다고 버틸 상황이 아니었다. 홍 대리는 자리에 앉아 마음을 가다듬었다. 그리고는 제안서 자료와 외환관리 프로그램 파일을 열었다. 데이터들이 이미 이달부터 흑자로 돌아서 파란색이었다.

그 파란색 숫자를 들여다보고 있으니 지나간 일들이 필름처럼 지나갔다. 홍 대리는 재빨리 노트를 펴고 연설문을 작성했다.

기념식이 시작되었다. 식장에는 어느새 유 소장과 박수민 연구원은 물론 카메라를 든 현명석 기자까지 와 있었다. 부도 직전까지 갔다가 법정소송 끝에 승소를 받아내고 안정기에 돌아선 태산전자의 사례는 일간경제신문의 한 페이지를 장식할 특종이었다.

〈태산전자 10년의 발전사〉라는 영상물이 상영되고 사장의 인사말과 함께 내빈축사, 지난 1년 동안 태산전자 발전에 공이 큰 외부인사에게 주는 감사장 수여 순으로 기념식이 진행되었다.

"다음은 최근 우리 태산전자의 키코 소송을 제안하고 외환관리시스템을 마련한 홍대희 차장에 대한 표창과 인사말이 있겠습니다. 홍 차장님 앞으로 나와주시죠."

사회자의 호명에 홍 대리가 연단 앞으로 걸어나갔다. 봉태산 사장으로부터 표창장을 받은 후 홍 대리는 잠시 주저하더니 결심을 한 듯 입을 열었다.

"저희 태산전자 10주년을 축하하기 위해 참석해주신 내외 귀빈 여러분, 그리고 태산전자 200여 가족 여러분, 정말 감사합니다. 제가 오늘 이 자리에 설 수 있었던 것은 여기 오늘 사외이사로 자리해주신 유 소장님을 비롯, 많은 분의 도움과 가르침 때문이었습니다. 이런 자리에서 여러분께 인사를 올리게 되어 제겐 더없이 큰 영광입니다. 다시 한 번 감사드립니다."

그리고서 홍 대리는 몸을 옆으로 돌려 내빈석을 향해 공손히 인사했다. 유 소장이 멋쩍은지 미소를 띠며 눈인사를 했다.

홍 대리는 계속 말을 이었다.

"실은 오늘 초청강사로 산악인 엄홍길 대장을 모시기로 예정되어 있었습니다. 그분을 적극 추천한 사람도 저였습니다. 그런데 엄 대장님께서 피치 못할 사정으로 참석을 못하시게 되어 아쉬움이 큽니다.

이 자리엔 저보다 연륜 깊은 분들도 많이 계시고, 또 이렇게 많은 분들 앞에서 얘기하는 것도 솔직히 처음이라 무슨 말을 해야 할지 좀 얼떨떨합니다. 그래서 제가 평소 존경하는 엄 대장님에 대한 이야기를 곁들여 말씀을 드리고자 합니다.

지난 가을 어느 날이었습니다. 북한산을 오르던 중 일행이 갑작스레 큰 비를 만나 길을 잃게 되었습니다. 그때 문득 제가 걸어온 지난날들을 되돌아보게 되었습니다. 그때 '나는 어느 순간 내 인생길에서 길을 잃었을까' 하는 생각이 들었습니다.

한 치 앞을 헤아릴 수 없는 빗줄기 속에서 헤매던 중 제 머릿속에 엄홍길 대장의 얼굴이 퍼뜩 스쳤습니다. 여러분도 아시다시피 엄홍길 대장은 상상을 초월하는 숱한 악천후와 수없이 많은 죽음의 고비를 넘기고 정상에 우뚝 선 분입니다.

그 분이 쓴 책을 보면 화려한 영광의 순간 뒤에는 수많은 실패와 아픔이 있었음을 알 수 있습니다. 이틀 동안 히말라야 고봉에서 눈 속에 갇혀 있기도 했고, 1992년 낭가파르바트 원정 때는 동상에 걸려 오른쪽 엄지발가락 한 마디와 두 번째 발가락 일부를 잘라내야 했습니다. 강풍에 몸이 날아가 죽을 뻔한 일은 부지기수고, 친형제나 다름없었던 셰르파들의 죽음, 같이 원정을 떠났던 대원들의 실종 및 사고사……. 16좌 등반 도중 여섯 명의 산우와 네 명의 셰르파, 무려 열 명의 동료를 잃었다고 합니다.

이처럼 히말라야 고봉들은 그에게 인간의 한계를 시험하는 혹독한 시련을 안겨주었지만, 그는 거기서 주저앉지 않았습니다. 불굴의 의지와 투지로 끔직한 고통이 따랐던 부상을 딛고 일어나 마침내 안나푸르나에 올랐고, 이후 낭가파르바트, 칸첸중가, K2, 얄룽캉, 그리고 로체샤르 등에 올라 인류 최초로 히말라야 16좌 완등의 대기록을 세운 것입니다.

그 분이 쓴 책에 '언제나 세상은 도전하는 사람들의 것이다. 꿈을 향해 도전하는 길만이 내가 살아 있음을 느끼는 이유였다'라는 구절이 있습니다. 저는 우리 회사 10주년 기념식에 꼭 엄 대장님을 모셔 어려움을 이겨내는 불굴의 도전정신을 배우고 싶었습니다만, 유감스럽게도 오늘 이 자리에 못난 제가 서 있습니다. 하지만 그간의 경험을 통해 저는 한 가지 확실히 깨달은 게 있습니다. 그것은 엄 대장님의 말처럼 꿈을 향해 도전하는 길만이 내가 살아 있음을 느끼는 이유란 것입니다.

우리 회사는 지난해 큰 시련을 겪었지만 좌절하지 않고 전 직원이 힘을 합해 버텨내었습니다. 바로 이달부터 흑자로 돌아선 것을 여기 이 외환관리시스템의 전산자료를 통해 읽을 수 있습니다. 이 모두가 '태산전자 살리기'라는 꿈을 함께 꾸며, 열정으로 함께 뛰어준 여러분들이 있었기에 가능한 일입니다.

오늘 표창은 저에게 과분합니다. 앞으로 제가 맡은 외환관리 업무를 더욱 충실히 하여 다시는 태산전자가 환율 변동 속에서 흔들리는 조각배 같은 상황에 처하지 않도록 열심히 일하라는 격려로 알겠습니다. 감사합니다."

연설이 끝나자 우레와 같은 박수가 터져나왔다. 식이 끝나고 이어진 기념 파티장에서 홍 대리는 봉태산 사장의 진심어린 칭찬을 들었다.

"홍 차장 같은 직원 10명만 있으면 우리 회사는 100년 동안 끄떡없겠네!"

"감사합니다. 사장님……."

문 부장 역시 눈시울을 붉히며 자기 일처럼 기뻐했다. 엄홍길

대장을 인용한 연설이 무척 감명 깊었다는 말도 덧붙였다.

경황이 없어서 살펴보지 못했는데 파티장에는 지선과 소희도 와 있었다. 소희가 꽃다발을 내밀었다. 어느새 취재 중이던 명석까지 소희 옆에 서 있었다.

"넌 취재 안 해? 여기 다 오고."

"당연히 내가 와야지, 손위 처남의 승진축하 자리인데."

"뭐, 처남?"

"아이, 모두들 너무 오버하는 거 아녜요?"

"좀 오버하면 어때?"

"그리고 기쁜 소식 하나 더!"

홍 대리는 눈을 동그랗게 뜨고 지선을 쳐다보았다.

"여보, 당신이 아빠가 된대요!"

"뭐 뭐야? 다 당신……."

"그래요. 우리가 엄마아빠가 되는 거예요. 가을이면……."

홍 대리는 꿈을 꾸고 있는 것 같았다. 황홀할 만큼 기분 좋은 꿈!

지선이 아이를 낳으면 분명히 예쁜 여자아이면 좋겠다고 생각했다.

"자, 이 꽃다발은 당신이 받아야겠네. 축하해, 여보. 그리고 고마워."

"당신도 축하해요."

파티가 끝나고 모두 흩어져 창사기념일 휴무를 즐겼다.

홍 대리는 아내와 함께 한없이 걷고만 싶었다. 밖으로 나오는데 먼저 나온 명석과 소희가 저 앞에서 다정하게 손을 잡고 걸어가는 것이 보였다.

"여보, 저기 좀 봐! 올해 우리 집에 경사가 두 번 생기겠는데요? 호호호."

"그러게, 하하하."

이 소설의 배경이 된 2009년 3월에서 2년이 채 지나지 않은 2011년 초, 원/달러 환율은 2년 전의 외환위기 공포를 뒤로 하고 계속 내려 1,120원대에 머물러 있다. 미국경제 침체, 유로존의 재정문제 등 선진국들의 부진 속에 한국경제가 상대적으로 견고함을 보이고 있고, 이는 원화의 저평가 인식으로 외국인들이 원화자산 매입 의지를 계속 유지해온 때문이다.

환율전문가들은 '외국인의 자금유입 기조가 지속되는 한 원화절상(환율하락) 추세는 이어질 거라 전망하고 있다. 하지만 2011년 들어 환율하락을 제한하거나 환율상승 관련 환경도 조성되고 있다. 2011년까지만 하더라도 국제유가 수준이 배럴당 평균 80달러였지만, 110달러 이상까지 상승하면 경상수지가 악화되고 수출기업의 채산성이 악화될 수 있고 외국인 투자자들이 보유하고 있는 주식이나 채권을 매도할 수도 있다. 곡물가격 상승은 한국산 제품을 수입하는 개도국 국민의 소비여력의 약화로 이어질 수 있다. 한국의 수출액 중에서 개도국에 대한 수출비중이 선진국보다 크므로 곡물가격 상승은 중·장기적으로 유가상승 못지 않은 환율불안 요소가 될 것이다.

또 한편으로는 중국의 추가적인 긴축정책, 미국의 양적완화정책의 규모와 지속성, 거기에 따른 선진국 경제의 회복 정도와 선진국 경제지표들이 외환시장 변동성을 확대시키는 변수가 될 것이다. 남유럽의 재정위기와 북한의 지정학적 리스크도 있다. 우리나라의 환율 불확실성이 여전히 높다는 얘기다. 그러나 대부분의 기업들이 환율하락이나 상승, 변동성 확대에 대비한 뚜렷한 대책을 여전히 갖고 있지 않다.

돌이켜보면 원화가치의 변동성, 이것은 양날의 칼처럼 때로는 우리경제 전체를 할퀴고 지나갔으며, 누군가에게는 엄청난 기회를 가져다주기도 했다. IMF나 2008년의 외환위기는 글로벌한 국제금융환경 속에서 언제 닥칠지 모르는 재난처럼 언제나 대비하고 있지 않으면 안 된다는 교훈을 남겼다.

일반인들에겐 잊혀졌겠지만 2005년 한국에 처음 등장한 환헤지상품 키코는 아직도 많은 기업인들에게 악몽의 대상이다. 키코에 가입했다가 천문학적인 손해를 입은 끝에 폐업하거나 워크아웃에 빠진 기업들은 치열한 법정소송 중이지만 법이 항상 약자나 정의의 편에 서 있는 것은 아니다. 아니 오히려 반대입장에 서는 경우가 더 많은 게 현실이다.

이 책에서 강조하고 싶은 것은 '환율전쟁'이란 용어가 나올 만큼 소리 없이 치러지는 국제금융환경 속에서의 정글게임에서 기업이나 개인들이 더 눈을 크게 뜨고 있어야 한다는 것이다. 외환이니 환율이니 하면 아예 겁부터 내고 머리 아파하는 한 우리는 절대로 국제사회의 주인공이 될 수 없다. 우리가 그렇게 힘을 쏟는 영어공부의 10분의 1만이라도 외환공부에 투자하고 환율 메커니즘을 공부하면 키코 같은 말도 안 되는 계약으로 눈 뜨고 당하는 일은 결코 일어나지 않을 것이다.

책을 마치면서 독자들의 불만의 소리가 들리는 듯하다.

"아니 외환천재 홍 대리 꿈이 겨우 '손실액 제로'가 목표란 말이야? 환율을 알면 재테크해서 하다못해 아파트 평수라도 늘려야 하는 것 아냐?"

그렇다. 요즘 인터넷을 가득 메운 증권이나 부동산 관련 카페들처럼 외환 카페들도 많아졌다. 환율공부를 해서 집에서 컴퓨터 하나로 외환을 사기도 하고 원자재나 선물, 옵션 등에 투자하기도 한다. 소설에 나오는 〈환율아 놀자〉 카페의 회원들처럼 나름대로의 꿈을 안고 재테크에 도전하는 사람들도 늘어나고 있다. 나는 그들 모두 꿈을 이루는 모습을 보고 싶다. 그러려면 먼저 환율의 흐름을 읽어야 한다.

"돈이 어디서 모이고 흩어지는지 알 수 있어야 돈을 벌 수가 있습니다. 돈의 흐름을 나타내는 표시가 환율이고요."

유명환 소장의 말처럼 환율을 알면 돈의 흐름이 보인다. 돈의 흐름은 세상을 변화시킨다. 환율을 공부해 돈의 흐름을 볼 수 있다면 소설 속의 엑스맨은 외환전문가로 자리를 잡고, 손바닥은 아이들이 있는 호주로 가고, 홍 대리, 아니 우리 홍 차장은 태어날 아이와 아내와 함께 별장에서 여유로운 한때를 즐길 수 있을 것이다. 꼭 그렇게 되길 바란다.

독자들도 환율에 관한 기초지식을 갖춰 주식거래를 하든 채권이나 부동산거래를 하든 환율 변동을 예측하는 과학적이고 글로벌한 경제예측뇌를 갖기를 권한다. 기업인들도 외국환통화와 환율 메커니즘을 모르고 경영을 하는 것처럼 어리석은 일은 없다.

이 책으로 인해 '귀신보다 무섭다는 환율'이 모두에게 친근하게 다가가 소중한 삶의 무기가 되는 그런 기회가 되기를 진심으로 바란다.

윤채현, 김원자

홍대리의 환율노트

1) 엔고(円高) 현상

미국의 달러화에 비해 엔화의 가치가 높아지는 현상을 뜻한다. 예를 들어 1달러당 120엔에서 1달러당 110엔으로 엔고 현상이 나타나는 이유는, 미국은 무역적자가 계속 쌓이고 있는 반면 일본은 무역흑자가 계속되고 있기 때문이다. 엔고 현상이 나타나면 일본 제품의 달러표시 가격이 높아져서 그만큼 덜 팔리게 되고(수출이 둔화) 다른 나라 제품의 엔화표시 가격은 하락하기 때문에 경쟁력이 높아져서 수입이 증가하게 된다.

그리하여 무역수지의 흑자를 줄일 수 있는 것이며, 물가 면에서는 수입제품의 가격이 싸지는 만큼 일본 국내물가를 하락시키는 요인이 된다.

2) 키코(KIKO : Knock-in Knock-out)

통화옵션 선물거래인 키코는 일정한 기준 범위 안에서 환율이 움직일 경우 환차손을 보상 받지만 그 이상으로 환율이 올라가거나 내려갈 경우 손실을 입게 돼 있는 구조로 설계된 환 헤지 상품이다.

일정금액 아래로 떨어지는 '녹아웃'이 되면 거래가 소멸되지만, 환율이 급등해 범위를 넘는 '녹인'이 되면 약정금액의 두 배를 계약환율로 팔아야 한다. 예를 들어 계약환율 945원, 약정액 100만 달러인 경우 930~975원 범위에서는 945원 가격에 100만 달러를 팔 수 있지만, 환율이 975원 이상으로 올라갈 경우 945원을 기준으로 200만 달

러를 매도해야 한다. 가입기업이 이익을 보는 구간은 녹아웃 계약환
율까지지만 2008년 환율급등으로 대부분의 업체가 녹인을 넘어서
피해가 급증했다.

3) 파생상품

파생상품(派生商品, derivative, derivative securities)은 주식과 채권 같
은 전통적인 금융상품을 기초자산으로 하여, 새로운 현금 흐름을 가
져다주는 증권을 말한다.

기초자산은 금융상품이 아닌 금, 은, 목재 같은 일반상품 등도 가능
하며, 대표적인 파생상품으로는 선도거래, 선물, 옵션, 스왑 등이 있
다. 파생상품의 주요목적은 위험을 감소시키는 헤지 기능이나, 레버
리지 기능, 파생상품을 합성하여 새로운 금융상품을 만들어내는 신
금융상품을 창조하는 기능들이 있다.

2008년 중소기업들에게 피해를 입힌 '환 헤지상품' 키코는 가격변동
과 환 위험을 피하기 위해 환율을 미리 고정시키는 거래상품이라는
의미에서 대표적인 환율 파생상품이라 볼 수 있다.

4) CPM(국제공인 구매전문가 : Certified Purchasing Management)

국제공인 구매전문가는 미국공급관리자협회(Institute for Supply
Management)에서 1974년 이래 구매부문 종사자의 능력을 객관적
으로 평가 인증하면서 생긴 자격증 제도이다. 특정산업의 특정상황
에 대한 이해가 아닌 포괄적인 구매전문가로서, 공급망의 기능과 관
계를 이해하도록 함으로써 관리자, 경영자로서의 자질을 갖추게 하
는 것을 목적으로 미국뿐 아니라 전 세계적으로 구매전문가로 인
정을 받는 자격증이다. 우리나라의 경우 CPM은 1998년 11월부터

CBT(Computer Based Testing) 방식으로 응시가 시작되었으며, 구매 및 조달 전문인력 외에, 생산 및 재고관리, 물류관리 분야에 종사하는 기업의 전문인력들이 CPM을 취득하고 있다.

5) 기준환율(basic rate of exchange)

한 나라가 자국 통화와 각국 통화 간의 환율을 결정할 때, 그 기준으로 삼기 위해 먼저 결정되는 특정국 통화와의 환율을 가리킨다. 이때 특정국 통화로는 국제통화나 자국의 대외거래에서 중요한 비중을 차지하는 통화가 선정되는 것이 일반적인데, 우리나라의 경우에는 미 달러화에 대한 원화의 매매기준율이 기준환율이다.

은행끼리 거래하는 환율, 은행과 기업이 거래하는 환율, 은행과 일반인이 사고파는 환율, 신용카드 결제환율 등은 같은 시점이라도 각각 다르다. 여러 환율 가운데서도 거래 척도가 되는 것이 기준환율로 기준환율은 전날 외환시장에서 금융기관끼리 거래된 환율을 가중평균해 결정한다. 금융결제원은 원/달러 기준환율과 28개 재정환율을 매일 아침 고시하고 있다.

6) 외화표시 예금

내국인이나 국내에 거주하는 외국인들이 우리나라 돈이 아닌 엔화, 달러 등 외국환으로 은행에 예금하는 것을 말한다. 기업이 수출하고 받은 대금 등은 그대로 외화예금에 넣을 수 있으며, 외화획득 실적이 있는 기업은 원화를 외화로 바꿔 예치할 수 있다. 1992년 9월부터 외화획득 실적이 있는 기업이면 누구나 외화예금을 할 수 있게 되었다. 외화예금은 은행계정, 대외계정, 거주자계정 등으로 나누어진다.

7) 고시환율

은행으로부터 외환을 매입/매도하려는 고객들을 위한 기준금리이다. 최초 고시환율은 전날 체결된 환율과 그 거래량을 곱한 후 전체 거래량으로 나눈다. 고시환율은 기준은행이 발표하는데, 우리나라의 기준은행은 한국은행으로 시중에 있는 다른 은행들은 다 상업은행이라고 할 수 있다. 결국 상업은행은 기준은행인 한국은행에서 외화를 가져다 수출입 기업이나 개인들에게 달러를 사고파는 일종의 소매상(한국은행은 도매상)인 셈이다. 한국은행의 기준환율은 어느 은행이나 똑같지만 은행마다 매일 고시되는 환율의 차이가 나는 것은 마진을 붙여서 파는 데서 차이가 나기 때문이며 은행마다 운영비용(건물 임대료, 인건비 등)과 매입환율 등이 다르기 때문에 약간의 차이가 날 수 있다.

8) 여행자수표

해외여행자가 여행 중에 현금 대신 사용할 수 있는 수표이다. 주로 해외여행자의 여비 휴대의 편의를 도모하고, 현금을 지참함으로써 생기는 위험을 방지하기 위해 사용하는 수표다. 보통 은행이 발행하는 자행급(自行給)의 수표 형식을 취하며 현금과 똑같이 취급되지만 본인 이외에는 사용하지 못한다. 수표면의 정해진 난에 미리 사인을 해두고, 사용할 상대 앞에서 다시 사인(카운터 사인)을 하여 정당한 소지인이라는 것을 증명하면 효력이 발생한다. 발행은행에 따라서는 여행자 신용장과 비슷한 성질을 갖는다. 모든 사인은 여권에 있는 사인과 동일해야만 한다. 현금을 사용하는 것보다 환율에 대한 위험부담이 없어서 좋고 만약 분실했다 해도 다시 재발급받을 수 있다.

9) 유산스 어음(Usance bill, 期限附 어음)

일반적으로 무역결제에 있어 어음의 지급기한을 가리킨다. 즉 지급인이 지급 약속을 하고 일정기간(통상 30일, 60일, 90일, 150일) 후에 지급하는 방식으로, 단기연불수입의 일종이다. 유산스 방식은 각국 간 무역대금의 결제에 많이 이용되고 있는데, 어음의 지급인인 수입상은 유산스 기간만큼 수입상품 대금의 지급이 연기되므로, 수입상품을 매각하여 어음결제를 할 수 있는 융통성이 크기 때문에 그만큼 무역결제가 원활해진다. 즉 유산스 어음을 이용하면 사들인 상품을 팔아서 그 대금으로 어음의 결제를 할 수 있어 편리하다. 수입환에 유산스가 붙여지는 것을 수입 유산스, 수출환에 유산스가 붙여지는 것을 수출 유산스라고 한다.

10) 환율예측

환율의 변동 원리를 대입하여 미래의 화폐가치를 추정해보려는 시도로 기본적 분석과 기술적 분석이 있다. 기본적 분석은 환율결정에 영향을 주는 여러 요인들을 바탕으로 본질적 가치를 갖는 적정 환율을 도출하고, 이를 현재의 시장 환율과 비교 분석하는 것으로 장기적인 전망에 대한 예측에 비교적 유리하며 현재까지 학계에서 주로 인정하는 분석방법이다.

반면에 기술적 분석은 과거나 현재의 환율 변동을 분석하여 어떤 특징을 찾아내고, 이를 통해 미래의 변화를 예측하고자 하는 것으로 단기적인 변화를 예측하는 데 유용하고 외환 관련 실무자들이나 환 투자자들이 비교적 선호한다.

11) 외환시장(Foreign Exchange Market)

외환시장은 광의와 협의로 해석된다. 광의의 외환시장이란 외환거래의 두 분야인 대고객거래와 은행 간 거래 모두 포함해서 외환거래가 이루어지는 장소를 뜻한다. 매매거래가 이루어지는 특정한 장소나 공간을 지칭하기보다는 외환거래가 정기적 또는 지속적으로 이루어지는 총괄적인 거래 메커니즘을 의미하고, 협의의 외환시장이란 은행 간 거래가 이루어지는 장소를 말한다.

오늘날 국제외환시장은 세계 주요 외환시장의 거래를 24시간 연계시키면서 모든 시장정보를 환율에 신속하게, 그리고 지속적으로 반영하는 하나의 범세계적 시장(one global market)으로서의 기능을 수행하면서 국제 금융거래의 효율화를 촉진하고 있다.

12) 기축통화(basic currency, key currency)

기축통화는 금과 더불어 국제 간 결제나 금융거래에 있어 국제 간에 통용되는 통화를 말한다. 미국의 달러화와 영국의 파운드가 거래 결제를 위한 기축통화의 역할을 담당하고 있다. 그 이유는 미국경제가 세계경제에서 차지하는 비중이 매우 높으며, 아울러 튼튼한 국력을 바탕으로 하여 달러화의 국제적 신용도와 교환성이 높기 때문에 거래의 편익을 도모하기 위해서다. 가장 많이 이용되는 달러화 외에도 IMF의 특별인출권이 세계시장에서 이용되며, 유럽공동체 국가들 사이에서는 유로가 사용되고 있다. 그러나 현재는 이 두 나라 통화의 신뢰도가 하락함에 따라 세계경제에서 중대한 문제로 대두되고 있다.

13) 환율 표시방법

환율이 자국통화와 외국통화 간의 교환비율이라고 할 때 환율을 표시하는 방법은 자국통화와 외국통화 둘 중 어느 하나를 기준으로 해서 환율을 표시할 수 있다. 따라서 어느 국가의 통화를 기준으로 하느냐에 따라 그 표시방법이 달라지는데, 직접 표시방법과 간접 표시방법으로 나누어진다.

14) 직접 표시방법(자국통화 표시방법)

직접 표시방법이라고도 하며, 외국통화를 기준으로 하여 외환 단위와 교환되는 자국통화단위량, 즉 외환 한 단위당 자국통화를 얼마나 지급하여야 하는가를 나타내는 환율 표시방법으로서 지급환율 또는 자국통화 표시방법이라고도 한다. 예컨대 우리나라에서와 같이 US\$1 =W800으로 표시하는 방법이 자국통화 표시환율에 의한 환율 표시방법으로서 영국과 호주를 제외한 대부분의 나라에서 이 방법을 사용하고 있다.

15) 간접 표시방법(외국통화 표시방법)

간접 표시방법이라고도 하며, 이는 자국통화 표시환율과 표리의 관계에 있는 것으로서 자국통화를 기준으로 하여 자국통화 한 단위와 교환되는 외환단위량, 즉 자국통화 한 단위로 외국통화를 몇 단위나 수취할 수 있는가를 표시하는 것인데, 외국통화 표시방법이라고도 한다. 영국, 호주 등이 이 방법을 사용하고 있다.

16) 매입환율/매도환율

외환시장에서 환율은 보통 매입환율(bid rate, buying rate)과 매도환율(offer rate, ask rate)로 고시된다. 매입환율이란, 은행이나 외환딜러가 외환을 고객으로부터 매입하는 가격, 즉 고객의 입장에서는 은행에게 외환을 매도할 때 적용받는 환율이다. 매도환율이란, 은행이나 외환딜러가 외환을 고객에게 매도하는 가격, 고객의 입장에서는 외환을 매입할 때 적용받는 환율을 말한다.

17) 매매기준율(MAR: Market Average Rate)

우리나라에는 달러의 거래를 중개하는 서울외국환중개와 한국자금중개회사가 매일 거래가 끝나고 나면 그날 거래된 거래량과 환율을 가중평균하여 다음날 거래의 기준이 되는 환율을 발표하는데, 이것을 매매기준율이라고 부른다. 은행에서는 이 매매기준율을 창구를 통해서 거래되는 수많은 외환거래에 있어 기준으로 삼는다.

18) 시장환율

시장환율이란 말 그대로 실제 시장에서 거래되고 있는 환율이다. 외환딜러들이 매입(bid), 매도(offer)환율을 제시하고 서로 체결하는 데 사용하는 환율이다. 기준환율의 변경은 시장환율에 따라 계속 바뀌는데 은행에 따라 다르기는 하지만 통상적으로 2원 이상의 시장환율의 변동이 있을 때 변경한다.

19) 재정환율

재정환율(arbitrated rate of exchange)은 미국의 달러화 환율을 기초로 자동 결정되는 달러화 이외의 기타 통화의 환율이다. 달러화에 대한 우리나라 원화의 환율은 국내 외환시장에서 형성된 전일의 원/달러 거래가격이 가중평균을 기초로 당일 기준환율을 정하도록 돼 있다. 달러화에 대한 원화환율이 결정되면 기타 통화에 대한 환율은 상대비교 또는 교차비교를 통해 자동적으로 결정된다.

20) FX트레이딩(Foreign Exchange Margin Trading)

새로운 자산운용 방법으로 주목을 끌고 있는 FX마진거래이다. 전 세계 주식시장 일일 거래량의 100배에 달하는 풍부한 유동성과 보유금액의 50배 레버리지를 이용해 비교적 적은 금액으로 고수익을 목표로 한다. 24시간 거래가 가능한 외환거래시장이다.

즉 각국의 통화의 변동에 투자하는, 이른바 금융 파생상품의 하나로 마진(증거금)으로 불리는 담보를 통해, 50배 금액의 거래를 할 수 있어 그만큼 리스크가 커서 개인이 쉽게 접근하기가 어렵다. 국내에서는 2005년 1월 선물거래법 개정으로 선물회사를 통해 개인도 FX마진거래가 가능하게 되어 주식 못지않게 폭발적으로 거래 인구가 늘고 있다. FX는 개인이 컴퓨터, 즉 온라인으로도 쉽게 외국환의 거래가 가능한 금융시장이다. FOREX라고도 한다.

FX마진거래는 자본시장법상 장내파생상품으로 미국 선물협회의 규정 또는 일본의 상품거래소법 등에 따라 장외에서 이루어지는 외국환거래로서, 표준화된 계약단위(100,000달러), 소액의 증거금(거래대금의 5%) 등을 적용, 통화 간 환율 변동을 이용하여 시세차익을 추구한다. 쉽게 말해 서로 다른 나라의 통화를 교환함으로서 환율 차이를 통해 시세차익을 추구하는 거래다. 주식과 달리 매수와 매도, 매도와 매수가 동시에 이루어지며 1계약당 10만 달러이지만 레버리지를 이용하여 우리나라에서는 5,000달러로 1계약을 거래할 수 있다.

21) 와타나베 부인

와타나베(渡邊)는 일본에서 다섯 번째로 흔한 성이다. 우리나라로 보면 '김 씨 아줌마'쯤 된다. 2000년 이후 일본의 초저금리 시장에서 엔화를 팔고, 금리가 높은 호주, 뉴질랜드 달러화 등을 사들임으로써 금리차를 노리고 재테크를 하던 일본 주부들을 가리키는 말이다. 흔히 개인 외환 투자자들을 총칭하기도 한다.

와타나베 부인은 10년씩이나 지속된 일본의 장기불황과 낮은 은행 금리 등을 배경으로 등장했다. 연 0.5%에도 못 미치는 이자를 주는 은행에 돈을 넣느니 뉴질랜드 등 금리를 후하게 쳐주는 해외에 투자하는 게 낫다는 인식이 주부들 사이에 퍼지면서 해외투자가 폭발적으로 늘었다.

22) 환 노출과 환 리스크

환 노출은 예상치 못한 환율 변동으로 인해 기업이 보유하고 있는 외화표시순자산(자산-부채)의 가치 또는 현금 흐름의 순가치가 변동될 수 있는 불확실성을 말한다. 환 노출이 환율 변동에 따른 환차손(exchange loss)과 동시에 환차익(exchange gain) 발생가능성까지를 포함하는 중립적인 개념인데 반해 환 리스크는 환율 변동에 따른 환차손의 발생가능성을 지칭한다는 점에서 구분이 된다.

환 노출에는 다음의 세 가지가 있다.
① 거래노출(transaction exposure)
　환율 변동에 의하여 외국통화로 표시된 채권이나 채무가 거래시점의 환율과 상이한 환율로 결제될 때 발생.
② 환산노출(translation exposure)

회계적 노출(accounting exposure)이라고도 하며, 외화로 표시된 자산, 부채와 수익, 비용 등의 재무제표를 자국통화 또는 특정기준통화로 환산할 때에 발생하는 가치변동을 말한다.

③ 경제적 노출(economic exposure)

환율 변동으로 인하여 장래에 기대되는 현금 흐름의 순 현재가치(net present value of expected future cash flows), 즉 기업가치의 변동 가능성을 의미한다.

23) 브레튼우즈 체제

1944년 7월, 미국의 브레튼우즈에서 1930년 이래의 각국 통화가치 불안정, 외환관리, 평가절하경쟁, 무역거래제한 등을 시정하여 국제무역의 확대, 고용 및 실질소득증대, 외환의 안정과 자유화, 국제수지균형 등을 달성할 것을 목적으로 체결된 브레튼우즈 협정에 의하여 발족한 국제통화체제를 말한다. 이 협약의 기본이념은 고정환율과 금환본위제를 통하여 환율의 안정, 자유무역과 경제성장의 확대를 추구하는 데에 있다. 이를 실현하기 위해 각 국에 필요한 외화를 공급하는 국제통화기금과 전후 부흥과 후진국 개발을 위한 세계부흥개발은행이 창설되었다. 그러나 브레튼우즈 체제는 1960년대 이후 지속된 국제유동성 문제와 기축통화인 달러화 신용의 계속적인 실추로 붕괴 과정에 들어섰고, 마침내 1971년 미국이 달러화의 금 태환을 정지하자 와해되었다.

24) 헤지

자신의 이익을 가격변동 위험으로부터 보호하고자 이미 보유하고 있거나 보유 예정인 현물포지션에 대하여 동일한 수량의 반대포지션을 선물이나 옵션시장에서 취하는 행위. 수출기업이나 달러표시 자산을 많이 보유하고 있는 기업(개인) 등 달러 롱 포지션 소유자는 환율 하락으로 인한 손실을 헤지하기 위해 선물(환) 매도를. 수입기업이나 달러부채가 많은 달러 숏포지션 보유세력은 환율상승으로 인한 손실을 헤지하기 위해 선물(환) 매수를 하게 된다.

25) 선물 환

통화선물, 통화옵션거래 및 환 변동보험 등과 같이 환 리스크를 피하는 대표적인 방법 중의 하나. 미래의 특정시점에 결제할 외화의 가격(환율)을 현시점에서 미리 정해둠으로써 환율 변동에 따른 손실을 피하는 방법이다. 환율 변동에 대비해 외화의 수취와 지급시기를 일치시키거나 혹은 그 시기를 앞당기거나 지연시키는 방법도 있다.

환 리스크를 피하기 위하여 제일 먼저 고안된 것이 선물 환(forward exchange)이다. 환율이란 고정되어 있는 것이 아니고 시시각각으로 변동하기 때문에 외환을 현재 보유하고 있거나 앞으로 보유하게 될 자는 손실을 면하기 어렵다. 선물 환은 미래의 환율을 미리 정함으로써 환 리스크를 회피하는 수단을 말한다. 따라서 현물 환(spot exchange)이 주로 거래적 동기(transaction motive)에서 거래되지만 선물 환은 주로 보험적 동기(insurance motive)에서 거래된다.

26) 옵션

옵션 역시 환 위험을 피하는 대표적인 방법 중 하나로 미래의 특정시점에 결제할 외화의 가격(환율)을 현시점에서 미리 정해둠으로써 환율 변동에 따른 손실을 피하는 방법이다.

27) 스왑

스왑은 '미래에 발생하는 현금 흐름을 서로 교환하는 금융거래'로 기업이 변동금리로 차입할 경우, 금리상승 위험이 존재하게 된다. 그러므로 이를 헤지하기 위해 스왑 상대방으로부터 변동금리를 수취해버리고 반대로 고정금리를 줘버리면 당사자의 포지션은 변동금리 지급포지션에서 고정금리 지급포지션으로 바뀌게 되는데, 그게 바로 스왑의 원리다.

28) 환 변동보험

기업이 환율 변동으로 입게 되는 손실은 보상하고 이익은 환수하는 보험제도를 말한다. 수출기업, 특히 환 리스크에 대한 관리여건이 취약한 중소 수출기업이 환 리스크를 손쉽게 헤지할 수 있도록 2000년 2월에 도입됐다. 이 보험은 공사가 보장하는 환율(보장환율)과 결제시점의 환율(결제환율)과의 차이에 따른 손을 정산하는 것으로 금융기관의 선물환거래와 유사하다. 수출기업은 환 변동보험을 통하여 계약금액을 원화로 고정시킴으로써 영업이익을 확보하고, 환율등락에 따른 환차손익을 제거할 수 있다. 환 변동보험은 미국 달러화, 일본 엔화, 유로화 등 3개 통화에 대해 이용할 수 있으며, 신용에 문제가 없는 수출기업들이 가입할 수 있다.

29) 증거금

증거금은 일반적으로 계약의 이행을 확실하게 하기 위해 계약의 증거로서 당사자 한쪽이 상대방에게 주는 금전인데 거래 증거금제도는 선물거래소 거래에 있어서 선물계약의 계약불이행위험을 감소시키기 위해 설정되는 제도다.

주식거래와는 달리 선물거래에 있어서 증거금은 계약금이 아니라 계약이행의 결과 발생하는 손익을 정산하는 수단이고, 계약이행을 보증하는 담보금의 형태다. 증거금의 납입은 선물거래에 참여할 자격을 얻는 것이며, 거래상대방에 대하여 자신의 신용을 보증하는 역할을 하여 많은 자금 없이도 다수의 선물포지션을 취할 수 있게 한다. 선물거래는 증거금제도가 있기 때문에 다른 금융상품에 비하여 채무불이행위험이나 재무적인 불안이 비교적 적은 가운데 레버리지를 높일 수 있다.

30) 토리이 마유미

평범한 일본의 주부로 2006년부터 FX트레이딩을 시작, 200만 엔이 겨우 한 달 만에 470만 엔으로 늘어나면서 유명해진 주부 트레이더이다. 그의 FX 블로그는 시작한 지 일주일 만에 인기 블로그 랭킹 2위를 기록했으며, 여러 매체의 집중보도 세례를 받았다. 그 후 FX거래전략을 쓴 책이 베스트셀러가 됐으며 우리나라에 2008년,《누구나 FX로 월 1,000만 원 벌 수 있는 투자비법》이란 제목으로 번역되기도 했다.

31) 서브프라임 사태

서브프라임 모기지론은, 신용조건이 가장 낮은 사람들을 상대로 집시세의 거의 100% 수준으로 대출을 해주는 대신 금리가 높은 미국의 대출 프로그램이다. 수익률이 높기 때문에 헤지펀드나 세계의 여러 금융업체들이 막대한 금액을 투자했는데, 미국의 집값이 하락하면서 서브프라임 모기지 대출자들이 대출금을 상환하지 못하게 되었고 결국 2007년 4월, 미국 2위의 서브프라임 모기지 회사가 부도 처리되었다. 이에 따라, 여기에 투자했던 미국을 비롯한 세계의 헤지펀드, 은행, 보험사 등이 연쇄적으로 붕괴하고, 미국 10위 모기지 회사이자 중간 등급의 신용등급자를 대상으로 하던 아메리칸 홈 모기지(AHMI)까지 부도가 나면서 경제위기 사태가 확산된 현상을 말한다.

32) 위험자산(risky asset)

일정기간의 투자수익률이 사전에 불확정적인 투자자산증권을 말한다. 주식은 전형적인 위험자산이나 사채도 원금지급불능(채무불이행) 위험을 동반하므로 위험자산이다. 국채는 원금지급이 거의 확실하므로 투자기간과 만기기간이 일치하는 한 무위험자산(안전자산)이라고 할 수 있다. 그러나 만기 전에 매각할 경우나 원리금 재투자의 가능성이 있는 경우에는 시장위험 및 이자율변동위험에 노출되므로이 역시 위험자산이 된다. 다만 이상의 설명은 물가변동을 고려하지 않고 투자수익률을 명목상으로 고려한 것이다. 화폐가치의 변동으로 인하여 실질투자수익률이 변동한다는 의미의 위험(구매력 변동위험)에서는 모든 투자자산이 위험자산에 해당된다고 할 수 있다.

33) 시장금리

말 그대로 시장에서 결정되는 금리이다. 은행에서 고시하는 정기예금 이자율 같은 것이 아닌 채권시장에서 매수/매도가 만나 정해지는 금리(이자율)를 말한다. 현재 우리나라에서는 국고채 3년 물을 지표 금리로 사용하고 있고 채권시장에서 시장금리라 하면 보통 이 국고채 3년 물을 사용한다. 그러나 필요에 따라서 통안채, 회사채, CD, 콜 등 다양한 금리를 사용할 수 있다.

34) 실질국민소득(real national income)

국민소득이란 한 나라의 전 국민이 일정한 기간(보통 1년)에 생산 · 분배 · 지출한 재화 및 서비스를 화폐로 환산하여 평가한 총액을 의미한다. 명목국민소득은 국민소득을 '3면 등가(三面等價)의 원칙(국민소득은 생산 · 분배 · 지출의 3면에서 각각 계산해보았을 때 동일하다는 원칙)'에 따라 생산 면에서 측정시점의 시장가치에 의해 표시한 것으로 화폐국민소득이라고도 한다. 실질국민소득은 국민소득의 실질적인 움직임을 나타내는 것으로, 물가상승에 따른 명목적 증가분을 제외한 실질적 크기로 표시된다. 따라서 비록 1인당 국민소득이 계속 증가하더라도 물가지수비율이 상대적으로 높을 경우 실질국민소득은 감소할 수 있다.

35) 금융수학

금융수학이란 금융시장에 상존하는 위험을 회피하기 위해 시장에서 현재, 혹은 미래에 필요로 하는 다양한 금융상품을 만들어내고 유지시키며, 금융상품의 취급절차를 마련하거나 보완하여 금융시장이 건전하게 발전해가도록 해결책을 제공하는 학문이라고 할 수 있다. 구체적으로는 시장, 신용, 운영위험 등 다양한 금융관련 위험의 측정, 평가 및 관리, 파생상품의 개발과 평가, 금융솔루션 제공과 관련된 내용을 다룬다.

오늘날 주식과 채권 등 다양한 형태로 자본시장이 발달함에 따라 금융시장을 제대로 파악하기는 무척 힘들다. 주식이나 채권은 미래 현금 흐름의 가치를 대변한다. 그런데 여기에는 미래의 경제상황이나 이자율과 같은 고도의 불확실성과 이에 따르는 위험이 내재해 있다. 따라서 과거의 덧셈이나 뺄셈과 같은 단순한 연산만으로는 도저히 금융시장을 모형화할 수 없고 이런 이유 때문에 금융을 다루는 수학인 '금융수학'이 탄생했다.

36) 헤지펀드

헤지(hedge)는 울타리, 장벽, 방지책이란 뜻을 가지고 있다. 울타리나 장벽, 방지책을 세우는 것은 어떤 종류의 위험이 있어서 그것을 피하기 위해서다. 그러나 현실에서는 고수익을 좇는 일단의 투자자금을 의미한다.

헤지펀드는 세 가지 특징을 가지고 있다. 우선 100명 미만의 소수의 파트너십을 가진 투자자들이 자금을 조성한다.(100명 미만의 투자가들로 구성되어 있는 것은 미국증권거래위원회가 '100명 미만의 투자가들로 구성된 펀드에 대해서는 보고서 제출의무를 면제한다'고 하는 정보공개에 대한 예외규정을 두고 있기 때문이다.) 두 번째 특징은 도박성이 큰 파생금융 상품을 통해 초단기 투기를 행한다는 점이다. 세 번째는 사무실을 세금이 없는 나라에 차려서 투기자본으로 운영한다는 점이다. 대표적으로 조지 소로스의 퀀텀펀드를 들 수 있다. 이들은 핫머니로 알려져 있으며 단기투자와 단기고수익을 중심으로 움직이기 때문에 해당 국가에 외환위기를 초래할 위험성이 있다. 대표적인 사례로 멕시코 페소화 하락 및 영국이나 태국 외환위기의 원인으로 헤지펀드를 들 수 있다.

37) 블랙 · 숄즈 모델공식(Black & Scholes option pricing model)

일반적으로 ELW(equity linked warrent 주식연동권리) 등 옵션 (Options)의 가격을 계산하는 데 가장 일반적으로 널리 이용되는 옵션가격평가모형이 블랙 · 숄즈 모델이다. 이 모형은 1973년에 피셔 블랙과 마이런 숄즈에 의해 발표된 세계 최초의 '체계적인 옵션가격 결정모델'로서, 현실에 어긋나는 여러 가정들에도 불구하고, 오늘날 금융계에서 가장 널리 사용되고 받아들여지고 있는 실정이다. 숄즈는 금융 발전에 기여한 공로를 인정받아 1997년에 노벨 경제학상을 수상했다.

38) 제로섬 게임

승자의 득점과 패자의 실점을 합한 총계가 제로가 되는 스포츠나 게임을 뜻한다. 즉, 참여자들 모두 동시에 이득을 보거나 손실을 볼 수가 없는, 승자와 패자가 정확하게 구분되는 상황을 말한다. 이 상황에서 승자의 득점은 항상 패자의 실점과 관계가 있기 때문에, 치열한 경쟁상태가 야기되는 게임으로 1971년 메사츄세츠 공과대학의 레스터 C. 서로 교수의 저서《제로섬 사회》에서 따온 말이기도 하다.

1. 환율은 서로 다른 두 나라 돈의 교환 비율이다.

오늘날 지구상의 모든 나라들은 서로 물건을 사고파는 등 수많은 거래를 하고 있으며, 그 규모도 해마다 증가하고 있다. 국가 간의 거래에서 거래대금을 결제하기 위해 자기나라 돈과 외국 돈을 바꾸거나 외국 돈과 외국 돈을 바꾸는 등 서로 다른 두 나라 돈을 교환하기도 하고 해외여행을 위해 환전을 하기도 한다. 이와 같이 외국과의 거래나 해외여행을 위해 서로 다른 두 나라 돈을 교환할 때, 이 교환비율을 환율이라고 한다.

2. 환율은 한 나라 돈의 대외가치를 표시한다.

환율은 두 나라 돈의 교환비율을 나타내는 동시에 한 나라 돈의 대외가치를 나타낸다. 미국 달러화에 대한 원화환율이 1달러=1,200원이라는 것은 미국 돈 1달러의 가치가 1,200원이라는 것을 의미하며, 이는 우리나라 돈 1원의 가치가 1/1,200달러라는 뜻이기도 하다. 따라서 환율이 1,200원/달러에서 1,250원/달러로 상승했다면 미국 돈의 가치는 그만큼 상승한 것이며 우리나라 돈의 가치는 그만큼 떨어진 셈이다.

3. 가장 많이 사용하는 돈은?

외국 돈의 종류가 많으므로 환율도 그만큼 많이 존재한다. 그렇지만 미국 달러가 세계적인 기축통화로 사용되고 있기 때문에 달러대 환율이 가장 중요하다. 그래서 환율하면 거의 대미 달러환율을 의미한다. 그러나 국제관계나 무역이 미국하고만 이루어지는 것이 아니고 다른 나라와 직거래할 경우도 생긴다. 또한 유럽 공통화폐인 유로화나 우리나라와 거래가 많은 일본 엔화나 중국 위안화의 환율에도 관심을 가질 필요가 있다.

4. 많이 혼동하는 환율절상과 절하의 의미를 꼭 알아두자.

환율의 절상과 절하는 한 나라 통화의 대외가치가 오르거나 내리는 변동을 말하는데 환율과 통화가치는 반대방향이라고 생각하면 기억하기가 쉽다. 즉 환율이 상승한 것은 거꾸로 통화가치가 하락(절하)한 것이고, 환율이 하락한 것은 통화가치가 상승(절상)한 것이다. 이는 당연히 그 나라의 수출과 수입기업에 영향을 미친다. 1,000달러 대금 결제계약을 했는데, 환율이 1$=1,000에서 1$=950으로 변화되면 수출기업에는 1,000,000원에서 950,000원으로 5,000원 이익손실이 발생한다. 또 환율이 1달러에 1,000원에서 1,100으로 올랐다고 가정해 보자. 지금까지는 미국 1달러를 사기 위해서 1,000원을 내면 되었지만 이제는 1,100원을 내야 한다는 의미다. 이때 우리나라 돈의 가치는 어떻게 될까? 우리나라 돈을 더 많이 지급해야 하므로 우리 돈의 대외가치가 하락한 것이다. 이처럼 우리나라 돈의 가치가 하락하는 것을 경제용어로 원화가 절하되었다고 한다.

그런데 고정환율제도를 채택하고 있는 국가에서는 자국통화의 대외가치를 인위적으로 인상 조정하는 경우를 평가절상(revaluation), 인하 조정하는 것을 평가절하(devaluation)라고 한다. 미국과 우리나라를 비롯한 변동환율제도를 채택하고 있는 국가들은 평가절상이나 평가절하라는 말을 쓰지 않고, 통화에 대한 시장 내 수급변화에 따라

통화가치가 상승하는 경우에는 그냥 절상(appreciation), 통화가치가 하락할 때에는 절하(depreciation)라는 용어를 쓴다. 즉, 우리나라는 변동환율제도를 채택하고 있기 때문에 환율이 1,000원에서 950원으로 떨어진다고 해서 원화가 평가절상되었다는 표현을 쓰지 않고 원화절상되었다는 표현을 쓴다.

5. 환율은 외환시장에서 수요와 공급에 의해 결정된다.

모든 재화나 서비스의 가격은 수요와 공급에 의해서 결정되고 수시로 변한다. 그리고 대미 달러 환율은 미국 1달러라는 물건의 가격이다. 그렇다면 미국 달러의 가격(즉 환율) 역시 달러의 수요와 공급에 의해서 결정되고 환율도 수시로 변하기 마련이다.

달러에 대한 수요와 달러 공급이 서로 만나 환율을 결정하고, 달러 거래가 이루어지는 시장을 외환시장이라고 부른다. 물론 외환시장에서는 미국 달러 말고도 여러 나라의 돈이 거래되고 있다. 예를 들어 유로, 파운드, 엔화, 캐나다 달러, 호주 달러 등이 있다. 한국 원화는 거래량이 워낙 미미해서 실제 외환시장에서 개인이 사고팔기는 어렵다.

6. 왜 달러에 대한 수요가 발생할까?

우리나라 사람들이 시장에서 물건을 살 때 달러를 사용하지 않는데 왜 달러에 대한 수요가 생길까? 그건 기업이 외국으로부터 재화나 서비스를 수입할 때 그 수입대금을 달러로 결제하기 때문이다. 또한 우리나라 사람들이 외국의 주식을 사려면 역시 달러가 필요하다. 우리가 방학 때 해외여행이나 연수를 떠날 때에도 달러가 필요하다. 이런 수요들이 모두 모여 우리나라의 달러에 대한 수요를 형성한다.

어떤 재화에 대한 수요가 증가하면 가격은 어떻게 될까? 당연히 오르게 된다. 이와 같이 달러에 대한 수요가 증가하면 달러라는 물건의 가격, 즉 환율은 상승한다. 다시 말하면 원화는 절하된다. 우리나라 기업들이 수입을 많이 하거나 우리가 해외여행을 많이 하는 것도 액수는 적지만 달러에 대한 수요를 증가시켜 환율이 상승하는 요인이 되는 것이다.

7. 달러의 공급은 어떻게 발생할까?

우리나라에 달러는 왜 공급될까? 우리나라 기업들이 재화나 서비스를 수출할 때 그 결제대금으로 달러를 받기 때문이다. 그렇지만 우리나라 기업들이 달러를 우리나라에서 직접 사용할 수는 없다. 기업이 임금이나 재료값을 지불하기 위해서는 달러를 원화로 환전해야 한다. 이렇게 해서 기업이 받은 달러가 우리나라에 공급되는 것이다.

또 외국인이 우리나라 주식을 살 때, 외국인 관광객이 우리나라에 들어와 사용할 때 달러가 공급된다. 우리 기업들이 수출을 많이 하게 되거나 외국인이 우리 주식에 많이 투자하면 달러 공급이 그만큼 증가한다. 그렇게 되면 달러 가격이 하락해 환율은 떨어진다. 즉, 이때 원화 가치는 절상된다.

8. 원화 강세 또는 원화 약세의 의미를 알아두자.

환율이 변하여 가치가 올라가는 돈을 강세통화라고 부르며, 가치가 떨어지는 돈을 약세통화라고 부른다. 예를 들어 우리 수출이 호조를 보여 달러 공급이 증가하고 환율이 하락하면 원화가 강세를 보인다고 말한다. 반면에 이것은 미국 달러의 약세를 의미한다. 이와 반대로 환율이 상승하면 미국 달러 강세이며 원화 약세를 의미한다. 그런데 앞에서 말한 환율절상과 절하와는 어떤 차이일까? 외환시장 참여자, 심지어는 은행관계자 중에서도 달러와 원화의 관계를 단선적으로 이해하는 사람들이 있다. 정말 단순하게 달러가 강해지면 원화가 약해지고, 달러가 약해지면 원화가 강해질까?

일반적으로 국제금융시장에서 말하는 달러 강세는 한국원화에 대한 강세 개념이 아니고 유로, 또는 엔화 같은 선진국 통화에 대해 달러가 강세를 띈다는 의미다. 달러 강세 국면에서 원화는 약세를 띨 가능성이 높지만 오히려 강세를 띠는 경우도 있다. 예를 들어 2008년 9월 이후 달러 강세 국면에서도 2007년 말 달러 약세 국면에서도 원화는 약세를 보였다. 환율은 두 나라 화폐의 교환비율이지만 달러 약세 요인이 아닌, 원화 약세의 요인도 있기 때문에 두 통화가치의 변동요인을 동시에 고려해야 한다.

9. 왜 환율이 중요할까?

한국은 기축통화 국가도 아니고, 자원도 없기 때문에 거시경제지표 중에서 환율만큼 영향력이 큰 거시경제지표는 없다고 해도 과언이 아니다. 따라서 환율예측은 엄청나게 중요하다. 키코 거래에 따른 천문학적인 환차손도 환율예측 실패에서 비롯되었고, 일본 엔화를 과다하게 차입하여 환차손이 대출원금의 50% 이상 발생한 것도 환율예측 실패에서 비롯된 것이다. 조선업체와 해외 주식형 펀드가 환율하락에 대비하여 선물 환 매도를 한 결과, 자본잠식 상태에 직면한 것도 환율예측 실패가 낳은 결과라고 할 수 있다.

1998년 IMF 때나 2008년처럼 세계적인 금융위기로 인해 기축통화인 달러를 조달하기 어려운 상황에서 경상수지 적자까지 발생하면 미국 달러가치 하락에도 불구하고 환율이 급등할 수밖에 없으므로 환율예측 실패는 기업부도와 가계파산으로 이어질 수 있다. 반면에 환율예측에 성공하면 가난한 사람도 쉽게 부자가 될 수 있다. 환율상 승이 예상되면 외화예금을 통해서 환차익을 얻을 수도 있고, 환율하 락이 예상되면 외화표시 대출을 받아서 주식이나 부동산에 투자하면 환차익과 부동산 및 주식투자 수익을 기대할 수 있기 때문이다. 일반 적으로 환율은 주식시장과 부동산시장과 반대방향으로 움직이는 성 질이 있다. 그렇기 때문에 주식시장이나 부동산시장에 거품 논쟁이 있을 때에는 외화표시예금을 하거나 기존의 외화대출은 상환하는 것 이 안전하고, 경기가 바닥을 탈출할 조짐이 보이면 외화대출을 통해 서 주식이나 부동산에 투자하면 쉽게 100% 이상의 투자수익을 올릴 수 있다.

10. 은행 간 시장환율과 고객환율은 다르다.

은행 간 시장환율은 외환시장에서 은행들 간에 형성되는 환율로 끊임없이 변동한다. 그런데 고객들이 외환을 바꾸려고 하면 시시각각 변동하는 은행 간 시장환율을 그대로 대고객거래에 반영하게 되면 시장환율이 움직일 때마다 변경해야 하는 불편이 있기 때문에 나라 에 따라서 은행이 독자적으로, 또는 은행 간의 협의에 의하여 고객거 래에 적용할 환율을 결정하고 있다. 시중은행들의 환율이 조금씩 다 른 이유는 그 때문이다. 이에 꼼꼼한 고객들은 꼭 각 은행들의 고객 환율을 비교해보고 유리한 곳에서 환전을 한다. 은행들의 환전서비 스 경쟁도 그 때문에 생기는 것이다.

11. 해외여행 시엔 여행자수표를 이용하는 것이 좋다.

우리나라의 경우, 한국금융결제원에서 시장평균환율(USD의 경우)과 재정환율(USD 이외의 기타통화)을 고시하면, 각 외국환은행이 자율적으로 이 환율에 일정한 마진율을 가감하여 대고객환율을 고시한다. 대고객환율은 또 은행이 고객으로부터 어떤 형태의 외환을 사고파느냐에 따라 현찰을 사고 팔 때에는 현찰매매율(T/T), 전신으로 자금을 주고받을 때에는 전신환 매매율(T/C), 여행자수표를 사고 팔 때에는 여행자수표 매매율(CASH)을 적용하는데, 각각의 적용하는 환율도 다르다. 예를 들어 현찰매도율은 은행이 외국으로부터 현찰을 운송하여 보관하는 데 비용이 소요되므로 여행자수표 매도율이나 전신환매도율보다 높다. 따라서 해외여행을 하는 사람은 필요한 외국 돈을 현찰로 매입하는 것보다 여행자수표로 매입하는 것이 유리하다.

12. 환율 변동을 이용하여 무엇을 할 수 있을까?

환율은 개인, 기업, 금융기관 등의 외환시장 참가자들이 수출과 수입 등 외국과 거래하면서 외환시장에서 어느 정도의 외환을 필요로 하고 어느 정도의 외환을 시장에 공급하느냐에 따라 그 수준이 결정된다. 그 밖에 이자율이나 인플레이션, 경제성장률 같은 경제적 이유, 혹은 정치적인 이유나 중앙은행의 정책에 다른 변동, 시장참가자들의 기대가 반영된 기대심리나 기술적인 이유 등도 있다. 이런 환율의 결정원리와 변동 메커니즘을 알아두면 유용하게 활용할 수 있다. 은행과 기업은 물론, 재테크시장 참여자들도 '환율결정원리'를 공부하면 수익률을 크게 올릴 수 있고, 투자위험도 관리할 수 있다.

환율이 중요한 이유는 우리 생활에 미치는 영향이 크기 때문이다. 해외여행을 하는 경우에는 환율에 촉각을 곤두세우게 된다. 단 1원이라도 환율이 더 내려간 날에 환전하기 위해서 여행 몇 주 전부터 신문이나 인터넷을 들여다보고 어떤 은행이 환전 수수료가 싼지, 외환거래에 어떤 프리미엄을 주는지 조사해야 한다. 잠깐 해외여행을 할 때에도 이런데, 엄청난 규모의 수출입을 하는 기업이나 국가 차원에서는 환율이 얼마나 중요한지 짐작할 수 있다.

13. 환율이 변동하면, 웃는 사람과 우는 사람이 동시에 생겨난다.

이 세상에 모든 사람을 기쁘게 해주는 경제 소식은 없다. 반대로 모든 사람을 슬프게 만드는 경제 소식도 없다. 모든 경제 소식은 일부 사람들을 기쁘게 만들지만 동시에 다른 사람들을 슬프게 만든다. 환율도 마찬가지다. 환율이 변동하면 좋아하는 사람과 슬퍼하는 사람이 동시에 생긴다.

환율이 하락하면(원화 가치가 절상되면) 우리나라 수출상품의 달러 표시가격이 상승한다. 예를 들어 환율이 1달러에 1,000원에서 900원으로 하락할 때 우리나라가 10,000원에 수출하는 마우스의 경우 예전에는 10달러로 미국에 수출되었지만 이제는 11달러로 수출되는 것이다.

10,000원/1,000원 = 10달러 ⇒ 10,000원/900원 = 11달러

마우스의 품질에는 변함이 없고 국내 생산가격도 변함이 없지만 환율이 하락한 결과 달러로 표시된 수출가격만 오르게 된다. 그러면 수요의 법칙에 의해서 미국에서 우리나라 마우스에 대한 수요량이 감소하게 되고 우리나라 마우스 수출은 감소한다. 환율하락으로 인한 피해는 여기서 그치지 않는다. 수출이 감소하면 우리나라 경제성장이 둔화되고 실업자가 증가하게 된다.

수출업자와 수입업자는 동전의 양면과 같다. 수출업자와는 달리 환

율이 하락하면 수입업자는 이득을 보게 된다. 예를 들어 액자가 10달러에 수입되고 있다고 하자. 환율이 1,000원이면 액자는 우리나라에서 10,000원에 팔리지만, 환율이 900원으로 하락하면 9,000원에 팔린다.

10달러 × 1,000원 = 10,000원 ⇒ 10달러 × 900원 = 9,000원

동일한 품질의 액자 가격이 10,000원에서 9,000원으로 하락하면 수요의 법칙에 따라 액자에 대한 수요량이 증가하고 그만큼 판매가 증가한다.

이처럼 환율이 하락하면 수입상품 가격이 하락하게 되므로 수입품에 대한 수요량이 늘어나서 우리나라의 수입이 증가한다. 그 결과 우리 기업들이 생산한 재화에 대한 수요는 감소하게 되고, 더불어 국내 고용시장이 어려워지게 된다.

14. 환율결정은 시장에 맡겨야 한다.

이처럼 환율 변동은 경제의 여러 분야에 서로 이해가 상반되는 영향을 미친다. 그렇기 때문에 환율이 상승하는 것이 좋은 소식인지, 아닌지는 보는 사람의 시각에 따라 또는 당시의 경제 여건에 따라 달라진다.

결국 정부가 인위적으로 환율을 인상시키는 정책을 사용한다든지, 아니면 환율을 하락시키는 정책을 사용하는 일은 새로운 문제를 만들 수 있다. 가능한 한 우리나라 돈의 실제가치를 그대로 나타낼 수 있도록 환율이 자유롭게 결정되도록 놔두는 것이 바람직하다고 할 수 있다. 그렇다고 해서 정부가 환율에 전혀 개입해서는 안 된다는 의미는 아니다. 기본적으로 환율결정을 외환시장에 맡겨야 하지만 긴급한 상황이나 경제에 주는 부정적 영향이 지대하다고 판단되는

부득이한 경우에는 정부가 환율을 원하는 방향으로 유도할 필요가 있다.

15. 환율 변동을 정확하게 예측할 수 있는 사람은 없다.

환율이 오르면 손해를 보는 사람과 이득을 보는 사람이 항상 같이 생긴다고 했다. 물론 환율이 내려도 손해를 보는 사람과 이득을 보는 사람이 나타난다. 그렇기 때문에 사람들은 환율이 오를지 아니면 내릴지에 대해서 관심이 많으며, 또 내린다면 얼마나 내릴 것인지 고민한다. 그렇지만 이 세상에 환율의 움직임을 정확하게 짚어낼 수 있는 사람은 하나도 없다. 예상은 틀리기 마련이며, 환율전문가들의 예상 역시 항상 맞는 것은 아니다. 그로 인해서 커다란 손해를 보는 사람들이 나타난다. 개인도 손해를 보면 낭패지만 만약 기업이나 국가가 환율예측을 잘못해 손해를 보게 되면 그 피해는 그야말로 막심하다. 지금도 호시탐탐 국가나 기업의 외환에 대한 무지와 허점을 이용해 이익을 취하고 떠나는 국제적인 투기자본들이 셀 수도 없이 많다.

16. 고정환율제도와 미국과 중국 간 화폐전쟁은 어떤 관계가 있을까?

정부가 일정기간 동안 환율을 변하지 않도록 꽁꽁 묶어두는 제도도 있다. 이를 고정환율제도라고 한다. 고정 환율제도에서는 상당한 기간 동안 환율이 변하지 않기 때문에 사람들은 환율이 오를지 내릴지를 고민할 필요가 없다. 따라서 사람들이 의사결정을 하기 편리해지며, 급변하는 환율로 인해서 손해 보는 일도 생기지 않는다. 또 환율 변동을 이용해서 시세차익을 남기려는 소위 환투기 행위도 비교적 나타나지 않는다. 그리고 환율이 안정되어 있기 때문에 국제무역도 활발해질 수 있다. 이런 것들이 고정환율제도가 가지고 있는 좋은 점이다. 그런 반면에 시장을 정확하게 반영하지 않아 경제발전을 구속하고 저해한다는 단점도 있다.

대표적인 예가 중국이다. 고정 환율제도를 사용하고 있는 중국은 자국화폐인 위안화의 가치를 일부러 낮게 평가하면서, 정부가 환율을 높게 고정시켜 놓고 있었다. 그 취지와 결과는 명백한 것이다. 중국의 수출은 그야말로 날개를 달았고 엄청난 무역수지 흑자와 높은 경제성장률을 기록할 수 있었다. 반면에 미국은 중국의 싼 물건이 홍수처럼 수입되어 커다란 무역수지 적자를 기록하게 되었다.

중국이 생산하는 물건의 질이 뛰어나서 수출을 많이 하는 것은 문제가 되지 않는다. 그렇지만 정부가 환율을 인위적으로 높게 고정시켜버리면 실제로는 수출할 수 없는 물건이더라도 정부 덕분에, 즉 값이 싸기 때문에 수출할 수 있는 것이 문제가 된다.

이것은 다른 나라의 입장에서 볼 때에 공정하지 못한 것이다. 경제학자들은 이런 현상을 놓고 자원배분이 왜곡되었다고 말한다. 그래서 미국은 중국을 향해 계속 위안화를 절상하라고 압박하는 것이다.

17. 대부분의 국가는 변동환율제도를 사용하고 있다.

현재 우리나라를 비롯해 세계 선진국들은 변동환율제도를 채택하고 있다. 대충 생각하기에 좋아 보이는 고정환율제도를 왜 사용하지 않고 있을까? 고정환율제도에 단점이 있기 때문이다. 물론 변동환율제도에도 문제점은 있다.

변동환율제도에서 우리가 치러야 하는 대가는 바로 환율변화에 대해서 신경을 써야 하고, 환율을 잘못 예상하면 손실이 발생한다는 점이다. 그럼에도 불구하고 세계가 고정환율제도를 사용하지 않고 변동 환율제도를 채택하는 것은 고정환율제도에서 세계 각국은 이왕이면 자국화폐의 환율을 높게 고정시키려는 욕심 때문에 국가 사이에 무역분쟁이 발생할 소지가 많아진다. 변동환율제도를 사용하면 이런 문제점은 해결되지만 이 세상에 공짜는 없다. 변동환율제도를 채택하고 있는 국가의 환율은 항상 시장에서 자유롭게 결정되고 있을까? 그렇지 않다. 변동환율제도라는 의미는 원칙적으로 환율이 시장에서 결정된다는 의미지만 현실에서는 정부가 어느 정도 시장에 개입해서 환율결정에 영향을 미치고 있단 뜻이다. 그 이유는 환율이 매우 중요한 경제변수라서 시장에 전적으로 맡겨 놓는다면 국가경제에 원하지 않는 결과가 초래될 수 있기 때문이다. 이런 이유로 우리나라뿐 아니라 다른 나라 정부들도 환율결정에 개입하고 있다.

일상생활에 유용한 환테크 지혜

1. 해외에 유학중인 자녀에게 송금계획이 있다면 환율 상승기에는 가급적 빨리 한꺼번에, 환율하락기에는 여러 번에 걸쳐 분할 송금하는 방법을 택해야 한다. 해외에서 물품을 구입할 때도, 환율상승기에는 현금으로, 하락기에는 신용카드로 결제하는 것이 조금이라도 절약하는 길이다.

2. 해외여행 시 가지고 갈 돈이 300달러 이상이면 여행자수표(T/C)를 가지고 가는 것이 좋다. 현금수수료보다 저렴하고 안전한 여행자수표는 은행의 환전창구에서 누구나 살 수 있다. 여행자수표를 분실했을 때는 발행 은행에 신고하면 다시 재발급 받을 수 있기 때문에 고액의 현금을 가지고 가야 하는 경우 매우 안전하다. 여행자수표를 발급받을 때 번호가 적힌 종이를 별도로 주는데, 이것을 잘 보관했다가 분실했을 때 은행에 가져가면 된다.

3. 농협은 현재 고객이 원하는 환율에 달러 매매가 자동으로 이뤄지는 'NH환율키핑예약서비스'를 시행하고 있다. 이 서비스는 달러환율이 고객이 사전에 정한 수준에 도달하면 예약한 금액만큼 해당 환율에서 원화예금-외화예금 간 자동이체가 이뤄지는 환율예약거래 제도다. 이를 활용하면 크게 신경을 쓰지 않고 짭짤한 환차익을 얻을 수가 있다.

4. 제주항공은 외환은행과 업무제휴를 통해 해외여행을 떠나는 탑승 객은 환전 수수료를 최대 50%까지 할인받을 수 있다. 제주항공 국제 선 탑승권이나 예약확인서를 소지한 고객은 외환은행에서 미국 달러 화와 일본 엔화, 유로화 등은 50%, 기타 외화는 20% 정도 환전 수수 료를 할인받을 수 있기 때문이다.

5. 환전할 때 은행 서비스를 잘 활용하면 수수료를 최대 80%까지 줄 일 수 있다. 우선 은행마다 고시하는 환율이 다르기 때문에 환전하기 전에 각 은행의 환율을 비교해야 하는 것은 필수다. 은행의 고시 환 율은 각 은행의 홈페이지에서 확인할 수 있다.
또 다양한 환전 우대제도를 실시하고 있는데, 한 은행을 집중적으로 거래해 우대제도를 최대한 활용하는 게 유리하다. 은행마다 우대고 객 선정 기준이 다르기 때문에 본인이 우대 대상인지 미리 확인해보 아야 한다.

6. 일반적으로 외국 지폐가 아닌 동전으로 환전하게 되면 정해진 환 율의 약 70% 정도만 적용되기 때문에 30% 정도 싸게 외화를 구매할 수 있다.
예를 들어 지폐를 구입할 때 적용되는 환율이 달러당 1,000원일 때, 미국 동전을 구입할 때는 700원이 적용된다. 일반적으로 동전환전 은 안 되지만 외환은행에서는 미국, 유로, 엔 등의 외국 동전을 환전 해주고 있다.

7. '환전 공동구매'를 이용해보는 것도 좋은 방법이다. 인터넷상에서 환전 공동구매를 신청하면 기본환율보다 우대를 받고 더 저렴하게

환전을 할 수 있다. 외환은행에서 서비스 하는 '환전클럽'이 대표적이라고 할 수 있는데, 온라인상으로 환전을 신청한 뒤에 자신이 지정한 외환은행에서 찾으면 된다. 주요국의 경우 기본 50%의 환전 수수료를 우대받을 수도 있고, 외환은행 계좌가 없더라도 이용 가능하다.

8. 자신이 원하는 환율을 지정하고, 은행에서 그 환율이 되었을 때 환전할 수 있도록 문자 메시지와 이메일로 알려주는 서비스도 있다. 우리은행에서는 매달 두 차례 정도 홈페이지 '사이버 환전장터'를 통해서 외화 공동구매를 신청하게 되면 최고 80% 정도 환전수수료를 할인해준다.

9. 동전으로 환전해두면 외국 현지에서 교통비, 식사, 팁이나 각종 잔돈이 필요할 때 요긴하게 쓸 수 있다. 물론 외국에서 쓰다 남은 동전도 국내에서 팔 수는 있지만 지폐 환율의 70%까지밖에 받지 못하기 때문에 입국 전에 최대한 동전은 사용하고 오는 것이 좋다.

10. 인터넷 뱅킹의 경우 기본적으로 창구에서 환전할 때보다 수수료가 싸고 편리하므로 인터넷 뱅킹 계좌를 이용하는 것이 좋다.
스마트뱅크 외환은행 사이버환전! 인터넷뱅킹으로 간단히 환전할 수 있어서 편리하다. 바쁜 직장인들이 이용하기에 좋고 또한 환율우대율이 높다는 것(기본통화(미국 USD, 일본 JPY, 유럽 EUR) 40% 환율우대), 그 외에도 미화(USD) 500달러 상당액 이상 환전 신청 시 해외여행자 보험 무료가입 서비스도 있다.
그리고 외환은행 외환 포털 서비스(www.fxkeb.com)는 달러, 유로, 엔화 환전 수수료가 창구보다 약 30% 저렴하다.

11. 해외 출장이나 여행이 잦다면 외화보통예금, 외화정기예금 등의 외화예금에 가입해두는 것도 좋다. 예금한 외화를 수수료 없이 찾을 수 있으며, 정기예금은 일정 기간 이상 맡길 경우, 이자를 받을 수 있다. 또한 외환은행에서 실시하는 '외환 머니백 서비스'에 가입하면 외환 거래 시 1포인트에 1원씩 환산된 금액이 계좌로 입금되며, 언제든지 현금화해서 사용할 수 있다.

12. 외환은행은 국제학생증을 소지한 학생에게 환전액에 상관없이 최고 40%까지 수수료를 우대해준다. 여행을 마치면 대부분 돈이 남는데 이럴 때 남은 돈은 다시 원화로 바꾸지 말고 외화예금을 이용하는 것이 좋은 방법이다. 외화예금 통장을 이용하면 다음 해외여행 때 사용할 수 있을 뿐만 아니라 원화로 바꿀 때 내는 수수료를 부담할 필요가 없다.

13. 시티은행에서는 통장 하나로 원화예금과 외화예금을 동시에 자유롭게 거래할 수 있는 '자유전환예금'을 이용할 수 있다. '자유전환예금'을 할 수 있는 외화계좌는 2개까지며, 현금카드를 이용해 한국 씨티은행 ATM뿐만 아니라 전국 모든 은행의 ATM을 이용해 외화계좌에서 원화로 현금인출이 가능하다. 또 외화계좌에서 원화계좌로의 이체도 된다.
자유전환예금은 원화와 외화 간 통화전환이 자유로우며 ATM, 인터넷뱅킹, 폰뱅킹을 이용하는 경우에는 통화 간 전환 시 환율우대 50%를 제공한다.
이외에도 자유전환예금은 ▲수수료우대의 혜택 ▲항공마일리지 제공 ▲예금평잔 범위 내에서 송금 ▲현찰환전 시 환율우대 50%를 제공한다. 특히, 타행 ATM을 이용해 외화계좌에서 원화로 인출하거나 계좌이체 시에는 환율우대 50% 제공과 함께 ATM 이용수수료가 횟수에 관계없이 전액 면제된다.

14. 한국스탠다드차타드제일은행(SC제일은행)이 이체송금전용통장에 입금만 하면 자동으로 환전돼 해외로 송금하거나 외화예금계좌에 이체할 수 있는 '바로바로 외환 서비스'를 출시했다. 바로바로 외환 서비스는 ▲바로바로 환전송금 서비스 ▲바로바로 환전이체 서비스 두 가지로 구성돼 있다. 두 상품 모두 고객이 시장의 환율이 유리할 때 환전하고 편리하게 예금통장에 자동으로 입금할 수 있고, 처리결과를 무료 문자서비스로 받을 수 있어 고객의 수익성과 편리성을 최대한 높였다.

한편 SC제일은행은 '바로바로 외환 서비스'의 출시를 기념해 올 2월 말까지 신규 고객대상 이벤트를 진행하고 있다. 신규 서비스 가입자들에게는 거래 건마다 50%의 환율 우대를 제공하며, 서비스 가입 후 1회 이상 사용 고객 중 선착순 500명에게는 1만 원 상당의 국제전화카드를 준다.

15. 외환은행이 새해 들어 미국 달러, 유럽연합 유로, 중국 위안화, 캐나다 달러, 호주 달러 등 5개 국가의 외화 신권으로 구성된 세뱃돈 세트를 판매하고 있다. 행운의 달러라고 불리는 미화 2달러도 포함돼 있는데 세계 각국의 화폐를 모아놓은 것이 흥미롭다.

판매 가격은 A형의 경우 2만3,000원, B형은 4만2,000원으로 행운의 2달러에 대한 유래와 각국 화폐에 등장하는 인물에 대한 설명이 들어 있다.